Duden

Die Grundschul-grammatik

2., aktualisierte Auflage

von Ulrike Holzwarth-Raether
und Ute Müller-Wolfangel

mit Bildern von Kerstin Meyer

Dudenverlag
Berlin

Die Rechtschreibung in diesem Buch folgt im Falle von Schreibvarianten
den Empfehlungen von Duden – Die deutsche Rechtschreibung.

Die **Duden-Sprachberatung** beantwortet Ihre Fragen zu Rechtschreibung,
Grammatik, Zeichensetzung u. Ä.
montags bis freitags zwischen 09:00 und 17:00 Uhr.
Aus Deutschland: **09001 870098** (1,99 € pro Minute aus dem Festnetz)
Aus Österreich: **0900 844144** (1,80 € pro Minute aus dem Festnetz)
Aus der Schweiz: **0900 383360** (3,13 CHF pro Minute aus dem Festnetz)
Die für Anrufe aus den Mobilfunknetzen können davon abweichen.
Den kostenlosen Newsletter der Duden-Sprachberatung können Sie unter
www.duden.de/newsletter abonnieren.

Bibliografische Information der Deutschen Nationalbibliothek
Die Deutsche Nationalbibliothek verzeichnet diese Publikation in der Deutschen National-
bibliografie; detaillierte bibliografische Daten sind im Internet über http://dnb.dnb.de abrufbar.

Das Wort **Duden** ist für den Verlag Bibliographisches Institut GmbH als Marke geschützt.

© Duden 2017   D C B
Bibliographisches Institut GmbH, Mecklenburgische Straße 53, 14197 Berlin

Redaktionelle Leitung: Constanze Schöder
Redaktion: Inge Meyer-Öhlmann
Autorinnen: Ulrike Holzwarth-Raether, Ute Müller-Wolfangel
Illustrationen: Kerstin Meyer

Herstellung: Uwe Pahnke
Layout: Horst Bachmann, Weinheim
Umschlaggestaltung: Büroecco, Augsburg
Umschlagillustration: Kerstin Meyer
Satz: Sigrid Hecker, Mannheim
Druck und Bindung: AZ Druck und Datentechnik GmbH
Heisinger Straße 16, 87437 Kempten
Printed in Germany

ISBN 978-3-411-71883-2

www.duden.de

Eine Grammatik beschreibt, wie eine Sprache aufgebaut ist und wie sie funktioniert.

Jedes Kind kann sich verständigen, ohne die Grammatik studiert zu haben. Irgendwann aber ist es hilfreich zu wissen, wie die Sprache aufgebaut ist und wie man sie richtig verwendet. Viele Rechtschreibprobleme kannst du lösen, wenn du dich zum Beispiel in den Wortarten und der Wortbildung auskennst. Beim Schreiben eigener Texte hilft es dir, etwas über den Bau der Sätze zu wissen.

Eine Grammatik als Buch ist eine Regelsammlung. In der Duden-Grundschulgrammatik kannst du nachschlagen, was du über die deutsche Sprache gelernt und vielleicht wieder vergessen hast. Vielleicht ist es auch etwas, was deine Eltern nicht mehr genau wissen.

Grammatik zu lernen und zu verstehen kann viel Spaß machen und spannend sein. Vielleicht wirst du schon beim Durchblättern des Buches neugierig.

Erforsche deine Sprache: witzige Bilder und Beispielgeschichten helfen dir dabei.

Inhaltsverzeichnis

So findest du dich in diesem Buch zurecht 6

Wortarten

Nomen/Substantiv (Namenwort) 8
   Konkreta und Abstrakta 9
   Genus (Geschlecht des Nomens) 10
   Numerus (Zahl des Nomens) 14
   Kasus (Fall des Nomens) 18
Artikel (Begleiter) 20
   Bestimmter und unbestimmter Artikel 20
Adjektiv (Wiewort) 26
   Adjektiv vor dem Nomen 27
   Adjektiv nach dem Nomen 29
   Steigerung des Adjektivs 30
Verb (Tunwort) 34
   Konjugation (Beugung des Verbs) 35
      Reflexive Verben (rückbezügliche Verben) 37
      Imperativ (Befehlsform) 39
   Tempus (Zeitform des Verbs) 40
      Präsens (Gegenwartsform) 41
      Präteritum (1. Vergangenheitsform) 43
      Perfekt (2. Vergangenheitsform) 45
      Futur (Zukunftsform) 47
   Aktiv und Passiv (Tatform und Leideform) 48
Pronomen (Fürwort) 50
   Personalpronomen (persönliches Fürwort) 50
   Possessivpronomen (besitzanzeigendes Fürwort) 54
   Demonstrativpronomen (hinweisendes Fürwort) 58
Präposition (Verhältniswort) 62
   Einteilung der Präpositionen 63
   Präposition und nachfolgender Fall 65
Adverb (Beiwort/Umstandswort) 66
   Einteilung der Adverbien 67
Numerale (Zahlwort) 70
   Bestimmtes und unbestimmtes Zahlwort 71

Wortbildung

Aufbau von Wörtern 72
    Wortfamilie 73
    Zusammensetzung 74
    Ableitung 78
        Präfix (vorangestellter Wortbaustein) 79
        Suffix (nachgestellter Wortbaustein) 80
        Veränderung im Wortstamm / Wortartwechsel 82
    Wortkürzung 83

Satzbildung

Satzglieder 84
    Umstellprobe 85
    Prädikat (Satzaussage) 86
    Subjekt (Satzgegenstand) 90
    Objekt (Satzergänzung) 92
    Akkusativobjekt (Satzergänzung im 4. Fall) 94
    Dativobjekt (Satzergänzung im 3. Fall) 96
    Genitivobjekt (Satzergänzung im 2. Fall) 98
    Adverbiale Bestimmung (Umstandsbestimmung) 100
Satzarten 106
    Aussagesatz 107
    Fragesatz 108
    Aufforderungssatz und Ausrufesatz 112
Satzformen 114
    Hauptsatz 115
    Nebensatz 116
        Konjunktion (Bindewort) 117
        Relativsatz 120
        Indirekter Fragesatz 122

Anhang

Zusammenfassungen 124
Lateinische Fachbegriffe 136
Register 140

5

Das Buch ist in drei große Kapitel eingeteilt:

Wortarten

Du findest hier das Wichtigste über die Form und die Bedeutung der verschiedenen Wortarten.

Wortbildung

Hier geht es darum, nach welchen Mustern Wörter aufgebaut sind und neue gebildet werden.

Satzbildung

Hier findest du Regeln, nach denen Sätze aufgebaut, zusammengesetzt und verknüpft werden können.

Die farbigen Balken zeigen dir, in welchem der drei Kapitel du gerade liest.

Jedes der drei Kapitel besteht aus mehreren Unterkapiteln. Wie sie heißen, steht als Überschrift in der Kopfzeile. Jedes Kapitel beginnt mit einer Einstiegsseite, auf der das Grammatikthema kurz vorgestellt und erklärt wird.

Auf den folgenden Seiten wird das Thema mit weiteren Erklärungen gründlich behandelt. Beispielsätze und Beispielgeschichten helfen dir, diese gut zu verstehen.

In den Erklärungen findest du meistens lateinische Fachbegriffe. Denn diese sind allgemeingültig und werden auch in den weiterführenden Schulen benutzt. Die auf einer Seite besonders wichtigen **Fachbegriffe** sind orange hervorgehoben. Wenn du einen Begriff nicht kennst, findest du seine Übersetzung in der Überschrift oder in Klammern hinter dem Fachbegriff. Auf jeden Fall findest du ihn in der Liste der Fachbegriffe (siehe Seite 136–139).

Am Ende des Buches findest du in einem Anhang:

Anhang

– Zusammenfassungen zu den drei Kapiteln,
– eine Liste mit lateinischen Fachbegriffen und ihren deutschen Übersetzungen,
– ein Register, also eine Liste mit Stichwörtern von A bis Z.

So findest du, was du suchst:

Wenn du dich über ein Grammatikthema informieren willst, orientiere dich im Inhaltsverzeichnis auf den Seiten 4–5.

Wenn du dir einen Überblick über die Grammatikthemen verschaffen willst, schau die Zusammenfassung auf den Seiten 124–135 an.

Wenn du Informationen zu einem Fachbegriff suchst, schau im Register auf den Seiten 140–144 nach. Dort sind die lateinischen und deutschen Fachbegriffe alphabetisch geordnet. Die Seitenzahlen geben an, wo du überall den Begriff findest.

Nomen / Substantiv (Namenwort)

Wörter, die mit einem großen Anfangsbuchstaben geschrieben werden, sind **Nomen.**

> die **F**rau, die **T**ulpe, die **S**pinne, das **B**uch, **M**ax, **B**erlin, **R**hein, **F**rankreich, das **O**bst, der **R**eichtum, die **L**iebe, die **F**reundschaft, das **S**alz

8

Konkreta und Abstrakta

Mit Nomen bezeichnet man Lebewesen und Gegen-
stände. Diese Nomen nennt man Konkreta, weil sie etwas
benennen, das sichtbar, hörbar oder anfassbar ist.
Dazu gehören auch Eigennamen, Sammelnamen und
Stoffnamen.

Lebewesen, Gegenstände	das Kind, die Spinne, der Baum, das Buch
Eigennamen	Max, Mannheim, Rhein
Sammelnamen	Insekten, Möbel, Obst
Stoffnamen	Wasser, Salz, Wolle

Mit Nomen bezeichnet man auch etwas Nichtgegen-
ständliches. Diese Nomen nennt man Abstrakta,
weil sie etwas benennen, was man fühlt, denkt oder
sich nur vorstellt.

die Freude, das Glück, die Klugheit, die Kunst,
die Wut, der Traum, die Musik, die Jugend

die Tierärztin

der Hahn

das Meerschweinchen

das Bild

der Papagei

die Henne

die Tasche

der Kater

der Korb

Genus (Geschlecht des Nomens)

Jedes Nomen hat ein **Genus.** Das Geschlecht des
Nomens ist entweder männlich, weiblich oder sächlich.
Man erkennt es an seinem **Artikel** (Begleiter).

männlich	**der** Kater, **der** Korb
weiblich	**die** Ärztin, **die** Kiste
sächlich	**das** Kind, **das** Bild

Bei Nomen, die Menschen oder Tiere bezeichnen,
kann man das Geschlecht oft leicht erkennen.
Der **männliche Artikel** der steht vor Nomen, die etwas
Männliches bezeichnen. Der **weibliche Artikel** die
steht vor Nomen, die etwas Weibliches bezeichnen.

Nomen mit natürlichem Geschlecht
die Frau, **der** Mann, **die** Tochter, **der** Sohn,
die Schwester, **der** Bruder
der Hahn, **die** Henne, **der** Hund, **die** Hündin,
der Stier, **die** Kuh

Für die meisten Nomen gibt es aber keine Regel,
die hilft, das Geschlecht des Nomens zu bestimmen.
Man kann es biologisch nicht erklären. Es heißt
deshalb **grammatisches Geschlecht.** Auch hier gibt es
die Artikel **der, die** und zusätzlich den Artikel **das.**

Nomen mit grammatischem Geschlecht
der Bus, **die** Straßenbahn, **das** Auto
der Stift, **die** Mappe, **das** Heft

Das **Geschlecht** einiger Nomen ist an bestimmten
Wortbausteinen am Ende des Wortes zu erkennen.

männlich	weiblich	sächlich

-ling

der Schmetter**ling**
der Lieb**ling**

-ei

die Bücher**ei**
die Gärtner**ei**

-chen

das Wäld**chen**
das Schäf**chen**

-ig

der Kön**ig**
der Käf**ig**

-keit

die Fröhlich**keit**
die Sauber**keit**

-lein

das Ring**lein**
das Männ**lein**

-ich

der Rett**ich**
der Tepp**ich**

-ung

die Nahr**ung**
die Werb**ung**

-tum

das Eigen**tum**
das Alter**tum**

-s

der Klap**s**
der Fuch**s**

-heit

die Kind**heit**
die Schön**heit**

-ment

das Experi**ment**
das Doku**ment**

-in

die Schüler**in**
die Geiger**in**

-schaft

die Freund**schaft**
die Verwandt**schaft**

Das **Geschlecht** des Nomens wird durch den Artikel angezeigt. Dieser kann die Bedeutung gleichlautender Nomen verändern.

der Kiefer (Teil des Kopfes)   **die** Kiefer (Baum)

Es gibt auch gleichlautende Nomen, die bei gleichem Geschlecht, also mit gleichem Artikel, etwas Unterschiedliches bedeuten.

die Bank (Geldinstitut)   **die** Bank (Sitzgelegenheit)

 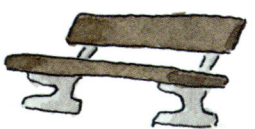

Zusammengesetzte Nomen bestehen aus Grund- und Bestimmungswort. Das Grundwort steht am Ende des zusammengesetzten Nomens und bestimmt sein Geschlecht.

die Hand   +   **der** Ball   → **der** Hand**ball**
der Fuß   +   **der** Ball   → **der** Fuß**ball**
das Tennis +   **der** Ball   → **der** Tennis**ball**

13

Numerus (Zahl des Nomens)

Der **Numerus** eines Nomens gibt an, ob etwas nur einmal
oder mehrmals vorkommt. Wenn etwas nur einmal
vorhanden ist, wird der **Singular** (Einzahl) verwendet.
Ist etwas mehrmals vorhanden, verwendet man
den **Plural** (Mehrzahl).

ein **Stuhl**
viele **Stühle,** drei **Stühle,** mehrere **Stühle**

Es gibt Nomen, die keine **Pluralform** haben.

Eigennamen	Mannheim, der Rhein, Frankreich
Sammelnamen	das Obst, das Geschirr, das Gemüse
Abstrakta	das Glück, das Wetter, die Wut, der Hunger
Stoffnamen	der Zucker, die Milch, das Wasser

Manche Nomen werden nur im **Plural** verwendet.

die Eltern, die Leute, die Geschwister,
die Ferien, die Kosten, die Alpen

Die **Pluralformen** von Nomen werden auf verschiedene
Weise gebildet:

mit den Endungen -e, -n, -en, -er, -s

der Brief	die Brie**fe**
die Feder	die Feder**n**
das Hemd	die Hemd**en**
das Feld	die Feld**er**
das Bonbon	die Bonbon**s**

mit den Umlauten ä, ö, ü

der Apfel	die **Ä**pfel
der Ofen	die **Ö**fen
der Bruder	die Br**ü**der

mit Endung und Umlaut

das Buch	die B**ü**ch**er**
der Ball	die B**ä**ll**e**
der Frosch	die Fr**ö**sch**e**
die Maus	die M**äu**se

Bei einigen Nomen kann man nur am **Artikel** erkennen,
ob es sich um **Singular** oder **Plural** handelt.

der Koffer	**die** Koffer
der Deckel	**die** Deckel
das Kissen	**die** Kissen
das Mäuschen	**die** Mäuschen
das Männlein	**die** Männlein

Einige Fremdwörter haben eine besondere Pluralform.

der Atlas	die Atlanten
der Kaktus	die Kakteen
die Pizza	die Pizzen
das Lexikon	die Lexika
das Museum	die Museen
das Album	die Alben
der Rhythmus	die Rhythmen
das Konto	die Konten

Du kannst aber auch sagen:
die Atlasse, die Kaktusse,
die Pizzas.

Oje, die Frau **des Affen** ist weggelaufen!

Im Zoo gibt es viele andere Frauen für **den Affen**.

Jetzt ist **der Affe** todtraurig.

Eine davon wird **dem Affen** sicher gefallen.

Kasus (Fall des Nomens)

Wenn ein Nomen in einem Satz verwendet wird, verändert es seine Form. Es steht dann in einem bestimmten Kasus (Fall). Das nennt man Deklination (Beugung). Man unterscheidet sie im Kasus. Das sind die vier Fälle.

1. Fall (Nominativ)	Der Affe ist traurig.
2. Fall (Genitiv)	Die Frau des Affen ist weg.
3. Fall (Dativ)	Das gefällt dem Affen nicht.
4. Fall (Akkusativ)	Wir trösten den Affen.

Mit der Frageprobe kann man den **Fall** eines Nomens herausfinden. Dazu fragt man nach dem Nomen mit bestimmten Fragewörtern.

Fall	Fragewort	Beispiel
1. Fall (Nominativ)	**Wer? Was?**	Der Affe ist traurig. **Wer** ist traurig? → **der Affe**
2. Fall (Genitiv)	**Wessen?**	Die Frau des Affen ist weg. **Wessen** Frau ist weg? → **des Affen**
3. Fall (Dativ)	**Wem?**	Das gefällt dem Affen nicht. **Wem** gefällt das nicht? → **dem Affen**
4. Fall (Akkusativ)	**Wen? Was?**	Wir trösten den Affen. **Wen** trösten wir? → **den Affen**

Artikel (Begleiter)

Der Artikel begleitet das Nomen. Man unterscheidet
zwischen dem bestimmten und unbestimmten Artikel.

bestimmter Artikel	**der, die, das**
unbestimmter Artikel	**ein, eine, ein**

Bestimmter und unbestimmter Artikel

Der **unbestimmte Artikel** wird verwendet, wenn man irgendeine Person oder Sache meint, über die man noch nichts Genaueres sagen kann.

Der **bestimmte Artikel** wird verwendet, wenn man eine bestimmte Person oder Sache meint.

Zu unserem Haus gehört **ein** Garten.

Der Garten ist klein.

An seinem Ende steht **eine** Mauer.

Die Mauer ist alt und etwas baufällig.

Auf der Mauer liegt **ein** Häuschen.

Das Häuschen gehört einer Schnecke.

> **Kein, keine, kein**
> ist die Verneinung von
> **ein, eine, ein.**
> Ich habe kein Häuschen.

Der **bestimmte Artikel** zeigt das **Geschlecht** des Nomens an. Er kommt im **Singular** und im **Plural** vor. Im Satz richtet er sich nach dem **Fall** des dazugehörigen Nomens.

Singular

männlich

1. Fall (Nominativ)	**Der** Kater schnurrt.
2. Fall (Genitiv)	Das Fell **des** Katers ist weich.
3. Fall (Dativ)	**Dem** Kater geht es gut.
4. Fall (Akkusativ)	Ich streichle **den** Kater.

weiblich

1. Fall (Nominativ)	**Die** Katze schnurrt.
2. Fall (Genitiv)	Das Fell **der** Katze ist weich.
3. Fall (Dativ)	**Der** Katze geht es gut.
4. Fall (Akkusativ)	Ich streichle **die** Katze.

sächlich

1. Fall (Nominativ)	**Das** Kätzchen schnurrt.
2. Fall (Genitiv)	Das Fell **des** Kätzchens ist weich.
3. Fall (Dativ)	**Dem** Kätzchen geht es gut.
4. Fall (Akkusativ)	Ich streichle **das** Kätzchen.

Plural

männlich

1. Fall (Nominativ)	**Die** Kater schnurren.
2. Fall (Genitiv)	Das Fell **der** Kater ist weich.
3. Fall (Dativ)	**Den** Katern geht es gut.
4. Fall (Akkusativ)	Ich streichle **die** Kater.

weiblich

1. Fall (Nominativ)	**Die** Katzen schnurren.
2. Fall (Genitiv)	Das Fell **der** Katzen ist weich.
3. Fall (Dativ)	**Den** Katzen geht es gut.
4. Fall (Akkusativ)	Ich streichle **die** Katzen.

sächlich

1. Fall (Nominativ)	**Die** Kätzchen schnurren.
2. Fall (Genitiv)	Das Fell **der** Kätzchen ist weich.
3. Fall (Dativ)	**Den** Kätzchen geht es gut.
4. Fall (Akkusativ)	Ich streichle **die** Kätzchen.

Der **unbestimmte Artikel** zeigt ebenfalls das **Geschlecht** des Nomens an. Er richtet sich im Satz nach dem **Fall** des dazugehörigen Nomens. Für den unbestimmten Artikel gibt es keine **Pluralform.**

1. Fall (Nominativ)
Ein Kater / **eine** Katze / **ein** Kätzchen hat Krallen.

2. Fall (Genitiv)
Die Krallen **eines** Katers / **einer** Katze / **eines** Kätzchens sind scharf.

3. Fall (Dativ)
Die Krallen helfen **einem** Kater / **einer** Katze / **einem** Kätzchen sich zu verteidigen.

4. Fall (Akkusativ)
Ich ärgere deshalb nie **einen** Kater / **eine** Katze / und noch nicht einmal **ein** Kätzchen.

Weil es für den unbestimmten Artikel keine Pluralform gibt, kannst du stattdessen die Wörter **manche, einige, viele, alle** benutzen.
Alle Katzen schärfen ihre Krallen.

Der **bestimmte Artikel** und der **unbestimmte Artikel**
stehen immer vor dem dazugehörigen **Nomen.**

> **der** Kuss, **ein** Kuss, **kein** Kuss
> **die** Liebe, **eine** Liebe, **keine** Liebe
> **das** Lied, **ein** Lied, **kein** Lied

Zwischen Artikel und Nomen
können aber auch andere Wörter
stehen. Oft sind es Adjektive.

> **der** erste Kuss
> **ein** erster Kuss
> **kein** erster Kuss

> **die** große Liebe   **das** schöne Lied
> **eine** große Liebe   **ein** schönes Lied
> **keine** große Liebe   **kein** schönes Lied

Manchmal wird der Artikel des Nomens weggelassen,
vor allem bei:

Eigennamen	**Benno** will seiner Freundin ein rotes Herz schenken.
Stoffnamen	Es soll aus **Papier** und **Holz** sein.
Sammelnamen	Er sucht im Keller nach **Werkzeug** und **Farben.**

25

eine lange Hose

der dicke Hund

das spannende Buch

Adjektiv (Wiewort)

Adjektive sagen, wie etwas ist. Sie bezeichnen Eigenschaften und Merkmale von Lebewesen, Gegenständen und Gefühlen. Man verwendet sie, um etwas zu verdeutlichen, zu unterscheiden und zu bewerten.

lang, dick, spannend, lustig, türkisch,
laut, mittelalterlich, schrecklich, groß

Es gibt verschiedene Möglichkeiten, wie das Adjektiv verwendet wird.

Adjektiv vor dem Nomen

Das **Adjektiv** kann direkt vor dem **Nomen** stehen.
Dann verändert es sich mit dem Nomen. Es wird
dekliniert (gebeugt).

Singular

männlich

1. Fall (Nominativ)	Der **alte** Esel schreit.
2. Fall (Genitiv)	Das Fell des **alten** Esels ist struppig.
3. Fall (Dativ)	Dem **alten** Esel fällt das Tragen schwer.
4. Fall (Akkusativ)	Den **alten** Esel will keiner mehr.

weiblich

1. Fall (Nominativ)	Die **alte** Gans schnattert.
2. Fall (Genitiv)	Das Gefieder der **alten** Gans ist stumpf.
3. Fall (Dativ)	Der **alten** Gans fällt das Fliegen schwer.
4. Fall (Akkusativ)	Die **alte** Gans will keiner mehr.

Singular

sächlich

1. Fall (Nominativ)	Das **alte** Schaf blökt.
2. Fall (Genitiv)	Die Wolle des **alten** Schafes ist dünn.
3. Fall (Dativ)	Dem **alten** Schaf fällt das Gehen schwer.
4. Fall (Akkusativ)	Das **alte** Schaf will keiner mehr.

Plural in den vier Fällen

männlich	weiblich	sächlich
die alt**en** Esel	die alt**en** Gänse	die alt**en** Schafe
der alt**en** Esel	der alt**en** Gänse	der alt**en** Schafe
den alt**en** Eseln	den alt**en** Gänsen	den alt**en** Schafen
die alt**en** Esel	die alt**en** Gänse	die alt**en** Schafe

Es waren einmal
ein alter Esel,
ein altes Schaf,
eine alte Gans,
die ...

28

Adjektiv nach dem Nomen

Das **Adjektiv** kann auch nach dem **Nomen** stehen.
Dann bezieht es sich ebenfalls auf das Nomen, ist aber
meistens mit dem Hilfsverb **sein, werden** oder **bleiben**
verbunden. Dabei verändert es seine Form nicht.

Die Suppe ist salzig.

Die Gäste werden wütend.

Der Koch bleibt ruhig.

Das **Adjektiv** kann sich auf ein **Verb** beziehen und
dieses näher beschreiben. Dann ist es ein Beiwort zum
Verb, ein **Adverb.** Es verändert seine Form nicht.

Felix singt **falsch.**

Der Chorleiter unterbricht **zornig** die Probe.

In der Pause schleicht Felix **heimlich** aus dem
Probenraum.

Steigerung des Adjektivs

Adjektive kann man **steigern.** Man kann damit
Unterschiede ausdrücken und etwas miteinander
vergleichen.

die **schnelle** Strecke	**schnell** rennen
die **schnellere** Strecke	**schneller** rennen
die **schnellste** Strecke	**am schnellsten** rennen

Es gibt drei verschiedene Steigerungsstufen: den
Positiv (Grundstufe), den **Komparativ** (1. Vergleichsstufe)
und den **Superlativ** (2. Vergleichsstufe).

Bezieht sich das **Adjektiv** beim Steigern auf ein **Nomen,**
wird es in allen Steigerungsstufen **dekliniert** (gebeugt).

Grundstufe	Ich nehme die **schnelle** Strecke / den **schnellen** Bus / das **schnelle** Fahrrad.
1. Vergleichsstufe	Tom nimmt die **schnellere** Strecke / den **schnelleren** Bus / das **schnellere** Fahrrad.
2. Vergleichsstufe	Lea nimmt die **schnellste** Strecke / den **schnellsten** Bus / das **schnellste** Fahrrad.

Bezieht sich das **Adjektiv** beim Steigern auf ein **Verb,**
dann wird es nicht dekliniert.

Grundstufe	Ich renne **schnell.**
1. Vergleichsstufe	Tom rennt **schneller.**
2. Vergleichsstufe	Lea rennt **am schnellsten.**

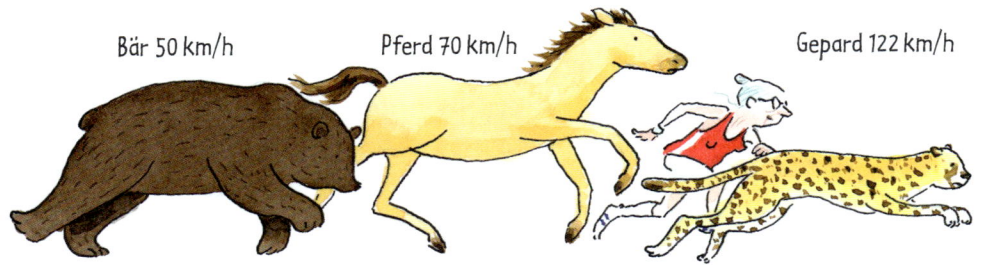

Bär 50 km/h   Pferd 70 km/h   Gepard 122 km/h

31

Die Vergleichsstufen werden unterschiedlich gebildet.

Die **1. Vergleichsstufe** wird mit **-er** und die
2. Vergleichsstufe mit **-st** gebildet.

frech   frech**er**   frech**st**en

Bei manchen Adjektiven wird vor **-st** ein **-e** eingesetzt,
weil man dann das Wort besser sprechen kann.

bunt   bunter   bunt**e**sten

Bei manchen Adjektiven wechseln beim Steigern die Vokale
von **a, o, u** zu **ä, ö, ü.**

st**a**rk   st**ä**rker   st**ä**rksten

gr**o**b   gr**ö**ber   gr**ö**bsten

k**u**rz   k**ü**rzer   k**ü**rzesten

Wenn man mit Adjektiven etwas direkt miteinander
vergleicht, benutzt man die Vergleichswörter **so ... wie,
ebenso ... wie, genauso ... wie, als** und **am.**

Grundstufe   Mama rennt **so** schnell **wie** ich.

1. Vergleichsstufe   Opa rennt schneller **als** Mama.

2. Vergleichsstufe   Oma rennt **am** schnellsten
von uns.

Einige wenige **Adjektive** haben ganz besondere **Steigerungsformen.**

> Die Zugspitze ist **hoch.**
> Der Montblanc ist **höher** als die Zugspitze.
> Der Mount Everest ist am **höchsten.**
>
> Das Wetter war in der ersten Woche **gut,**
> in der zweiten war es **besser,**
> in der dritten war es am **besten.**
>
> **Viele** Kinder wählten Franzi als Klassensprecherin.
> **Mehr** Stimmen als Franzi bekam Anton.
> Die **meisten** Stimmen erhielt Nuran.

Nicht alle Adjektive können gesteigert werden, weil man sich ein Mehr oder Weniger davon nicht vorstellen kann. Auch Farbadjektive werden meistens nicht gesteigert.

> blind, tot, lebendig, stumm,
> rund, quadratisch, dreieckig,
> total, super,
> gelb, rot, grün,
> arbeitslos, steinreich, eiskalt

Wie ist es mit voll und leer?

Pfoten hoch!

Verb (Tunwort)

Mit **Verben** kann man ausdrücken, was jemand tut oder
was geschieht oder in welchem Zustand sich jemand oder
etwas befindet.

Tätigkeitsverben	graben, pflanzen, gießen, pflücken
Vorgangsverben	regnen, wachsen, blühen, reifen
Zustandsverben	schlafen, träumen, liegen

In einem Wörterbuch findet man Verben im **Infinitiv** (Grundform).

lachen, weinen, stehen, sitzen

Verben bestehen aus mindestens zwei Teilen, dem **Wortstamm** und einer **Endung.**

  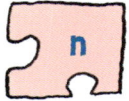

Konjugation (Beugung des Verbs)

Wenn man ein **Verb** im Satz verwendet, verändert es seine Form, je nachdem wer etwas tut und wann etwas geschieht. Diese Veränderung nennt man **Konjugation.**

Manche Verben verändern sich nur wenig oder schwach. Man nennt sie **regelmäßige Verben.** Manche verändern sich stark. Das sind die **unregelmäßigen Verben.**

schwach verändert
suchen   Ich **suche** meine Brille.
                                    Er **suchte** seine Brille.

stark verändert
essen   Sie **isst** viel.
                                    Er **aß** wenig.

Bei der **Konjugation** unterscheidet man die **1. Person, 2. Person** und **3. Person** im Singular und Plural. Dadurch wird deutlich, ob man von sich spricht, jemanden direkt anspricht oder über andere spricht.

1. Person

Eine Person meint sich selbst (Singular) oder sich selbst und andere (Plural).
ich spiele   **wir** spiel**en**

2. Person

Eine Person (Singular) oder mehrere Personen (Plural) werden direkt angesprochen.
du spiel**st**   **ihr** spielt

3. Person
Es wird über Personen (Singular oder Plural) gesprochen.
er/sie/es spiel**t**   **sie** spiel**en**

In der Grammatik versteht man unter Person nicht nur Menschen, sondern auch Tiere, Gegenstände und etwas Nichtgegenständliches.

Vor viele Verben kann man das Wörtchen **sich** setzen.
Diese Verben nennt man **reflexive Verben.**
Reflexiv bedeutet rückbezüglich. Das Wörtchen **sich**
bezieht sich dann zurück auf das Subjekt im Satz.
Es verändert seine Form.

1. Person   Ich wasche.   Wir waschen.
                  Ich wasche **mich.**   **Wir** waschen **uns.**

2. Person   Du wäschst.   Ihr wascht.
                  Du wäschst **dich.**   **Ihr** wascht **euch.**

3. Person   Er, sie, es wäscht.   Sie waschen.
                  Er, sie, es wäscht **sich.**   **Sie** waschen **sich.**

Verben, die man mit und ohne
das Wörtchen **sich** benutzen kann,
nennt man unechte reflexive Verben,
zum Beispiel:
lieben – sich lieben,
verstehen – sich verstehen,
treffen – sich treffen.

37

Echte **reflexive Verben** brauchen immer das Wörtchen **sich**.
Man kann es nicht weglassen.

Je nachdem mit welchem Verb das Wörtchen **sich**
auftritt, verändert sich der **Fall,** in dem es steht.

Akkusativ	**Dativ**
Ich ärgere **mich.**	**Ich** schade **mir.**
Du ärgerst **dich.**	**Du** schadest **dir.**
Er, sie, es ärgert **sich.**	**Er, sie, es** schadet **sich.**
Wir ärgern **uns.**	**Wir** schaden **uns.**
Ihr ärgert **euch.**	**Ihr** schadet **euch.**
Sie ärgern **sich.**	**Sie** schaden **sich.**

Echte reflexive Verben sind zum Beispiel:
sich erholen, sich beeilen, sich bedanken,
sich wundern, sich verspäten, sich freuen.

Mit dem **Imperativ** (Befehlsform) wird jemand direkt angesprochen. Man kann jemanden um etwas bitten, jemanden auffordern, etwas zu tun, oder jemandem etwas verbieten. Dafür gibt es die **Du-Form,** die **Ihr-Form** und die Höflichkeitsform **Sie.**

	Bitte
Du-Form	**Nimm** bitte auf andere Rücksicht!
Ihr-Form	**Nehmt** bitte auf andere Rücksicht!
Sie-Form	**Nehmen Sie** bitte auf andere Rücksicht!

	Aufforderung oder Anweisung
Du-Form	**Beeile** dich!
Ihr-Form	**Beeilt** euch!
Sie-Form	**Beeilen Sie** sich!

	Verbot
Du-Form	**Steig** nicht über die Bande!
Ihr-Form	**Steigt** nicht über die Bande!
Sie-Form	**Steigen Sie** nicht über die Bande!

Tempus (Zeitform des Verbs)

Es gibt die drei **Zeitstufen** **früher, jetzt, später** und dazu passende **Zeitformen** des Verbs (Tempus). Das **Verb** verändert seine Form, je nachdem in welcher Zeitstufe etwas geschieht oder stattfindet.

früher	ich malte, ich habe gemalt
jetzt	ich male
später	ich werde malen

Das **Präsens** (Gegenwartsform) ist eine **Zeitform,**
die verwendet wird, wenn man ausdrücken will,
was gerade geschieht oder was immer gültig ist.

früher ⟵——————— **jetzt** ——————⟶ **später**

Melih **malt** gerade ein Bild.   Köln **liegt** am Rhein.

Mit Zeitangaben, wie **morgen, bald, später, nächstes Jahr,**
kann das Präsens verwendet werden, selbst wenn etwas
erst in der Zukunft geschieht.

Bald **legt** Melih seine Farben weg.

Morgen **malt** er weiter.

41

Bei **regelmäßigen Verben** wird das **Präsens** aus dem **Wortstamm** und den **Endungen** -e, -st, -t, -en, -t, -en gebildet.

	Singular	Plural
1. Person	ich mal**e**	wir mal**en**
2. Person	du mal**st**	ihr mal**t**
3. Person	er/sie/es mal**t**	sie mal**en**

Bei den **unregelmäßigen Verben** ist es nicht so einfach. Sie verändern sich stark.

Grundform	Präsens	Veränderung
f**a**hren	du f**ä**hrst	a → ä
d**ü**rfen	ich d**a**rf	ü → a
m**ö**gen	er m**a**g	ö → a
l**e**sen	sie l**ie**st	e → ie
g**e**ben	er g**i**bt	e → i
l**au**fen	du l**äu**fst	au → äu
w**i**ssen	er w**ei**ß	i → ei

Das **Präteritum** (1. Vergangenheitsform) ist eine **Zeitform,** die verwendet wird, wenn man ausdrücken will, was schon einige Zeit zurückliegt, was vorbei ist.

Das Präteritum wird vor allem in Märchen, Geschichten und Erzählungen verwendet.

früher ←——————— **jetzt** ———————→ **später**

Es war einmal ein kleines Mädchen.
Das packte den Korb für seine
schwache und kranke Großmutter.
Die Mutter gab ihm Wein und Kuchen
und es malte noch geschwind
ein lustiges Bild dazu.

Das Präteritum nennt man auch **Erzählzeit.**

43

Bei **regelmäßigen Verben** wird das **Präteritum** aus dem **Wortstamm** und den **Endungen** **-te, -test, -te, -ten, -tet, -ten** gebildet.

	Singular	Plural
1. Person	ich mal**te**	wir mal**ten**
2. Person	du mal**test**	ihr mal**tet**
3. Person	er/sie/es mal**te**	sie mal**ten**

Unregelmäßige Verben verändern sich im **Präteritum** stark.

Grundform	Präteritum	Veränderung
schr**ei**ben	du schr**ie**bst	ei → ie
l**au**fen	ich l**ie**f	au → ie
f**a**ngen	er f**i**ng	a → i
l**e**sen	sie l**a**s	e → a
m**ö**gen	er m**o**chte	ö → o
d**ü**rfen	du d**u**rftest	ü → u
w**i**ssen	er w**u**sste	i → u
f**a**hren	wir f**u**hren	a → u
beg**i**nnen	es beg**a**nn	i → a
f**a**llen	ich f**ie**l	a → ie
k**o**mmen	er k**a**m	o → a

Das **Perfekt** (2. Vergangenheitsform) ist eine **Zeitform,**
die meistens verwendet wird, wenn man über etwas
Vergangenes spricht.

früher ⟵⟶ jetzt ⟶ später

> Das Perfekt nennt man auch **Sprechvergangenheit.**

„Gestern **hat** Melih ein großes Bild **gemalt.**
Dabei **ist** ihm ein Farbtopf **umgefallen.**"

„Und was **habt** ihr dann **gemacht?**"

„Wir **haben** einfach mit den Füßen **weitergemalt.**"

Das **Perfekt** ist eine zusammengesetzte **Zeitform.** Sie wird mit den **Hilfsverben** **haben** oder **sein** gebildet.

haben

	Singular	Plural
1. Person	ich **habe gemalt**	wir **haben gemalt**
2. Person	du **hast gemalt**	ihr **habt gemalt**
3. Person	er/sie/es **hat gemalt**	sie **haben gemalt**

Verben, die eine Bewegung oder Veränderung ausdrücken, werden im Perfekt mit dem **Hilfsverb** **sein** gebildet.

sein

	Singular	Plural
1. Person	ich **bin gefallen**	wir **sind gefallen**
2. Person	du **bist gefallen**	ihr **seid gefallen**
3. Person	er/sie/es **ist gefallen**	sie **sind gefallen**

Verben, die eine Bewegung ausdrücken, sind zum Beispiel: fallen, fahren, rennen, rasen, laufen, fliegen, krabbeln, schleichen.

Das **Futur** (Zukunftsform) ist eine **Zeitform,** die verwendet wird, wenn man ausdrücken will, was noch nicht stattgefunden hat. Man kann damit aber auch eine Vermutung oder eine Absicht äußern.

früher ⟵ —————— **jetzt** —————→ **später**

Melih **wird** für den Basar noch einige Bilder **malen.**
Sicher **werden** viele Eltern **kommen.**
Ich **werde** bestimmt auch **hingehen.**

Das **Futur** ist eine zusammengesetzte **Zeitform.** Sie wird mit dem **Hilfsverb** werden gebildet.

werden	Singular	Plural
1. Person	ich **werde malen**	wir **werden malen**
2. Person	du **wirst malen**	ihr **werdet malen**
3. Person	er/sie/es **wird malen**	sie **werden malen**

47

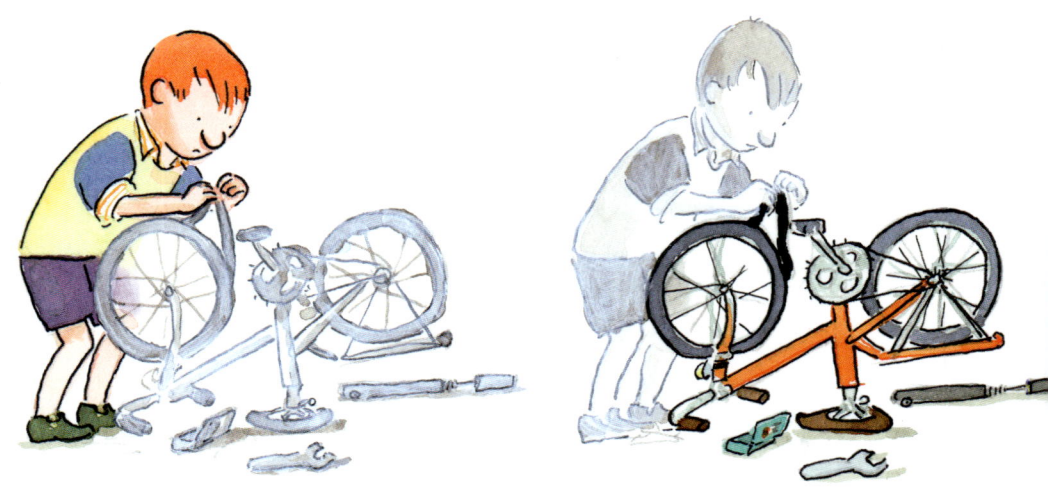

Aktiv und Passiv (Tatform und Leideform)

Im Satz unterscheidet man zwischen Verbformen im **Aktiv** und Verbformen im **Passiv.**

Mit Verbformen im Aktiv sagt man, was eine Person oder Sache macht.

> Sam **repariert** das Fahrrad.

Mit Verbformen im Passiv wird gesagt, was mit einer Person oder einer Sache gemacht wird.

> Das Fahrrad **wird** von Sam **repariert.**

48

Das **Passiv** ist eine zusammengesetzte Verbform.
Wenn sie eine Handlung oder einen Vorgang beschreibt,
wird sie mit dem **Hilfsverb** **werden** gebildet. Das Passiv
gibt es in allen Zeitformen.

	Aktiv	**Passiv**
Präsens	Sam **repariert** das Fahrrad.	Das Fahrrad **wird** von Sam **repariert.**
Präteritum	Sam **reparierte** das Fahrrad.	Das Fahrrad **wurde** von Sam **repariert.**
Perfekt	Sam **hat** das Fahrrad **repariert.**	Das Fahrrad **ist** von Sam **repariert** **worden.**
Futur	Sam **wird** das Fahrrad **reparieren.**	Das Fahrrad **wird** von Sam **repariert** **werden.**

Auch das ist eine Passivform:
Das Fahrrad ist jetzt repariert.

Pronomen (Fürwort)

Personalpronomen (persönliches Fürwort)

Personalpronomen sind **ich, du, er, sie, es, wir, ihr, sie.**
Sie sind **Stellvertreter** für eine Person und stehen für:

eine Person, die sich allein (Singular) oder sich selbst und andere meint (Plural)	**ich** singe **wir** singen
eine Person (Singular) oder mehrere Personen (Plural), die direkt angesprochen werden	**du** singst **ihr** singt
Personen (Singular und Plural), über die gesprochen wird	**er/sie/es** singt **sie** singen

Das **Personalpronomen** richtet sich im Singular und Plural, im Geschlecht und im Fall nach dem Wort, das es ersetzt. Es wird **dekliniert** (gebeugt).

Singular

1. Person

1. Fall (Nominativ)	**Ich** singe in der Badewanne.
3. Fall (Dativ)	**Mir** gefällt das.
4. Fall (Akkusativ)	**Mich** hört ja keiner.

2. Person

1. Fall (Nominativ)	**Du** singst in der Badewanne.
3. Fall (Dativ)	**Dir** gefällt das.
4. Fall (Akkusativ)	**Dich** hört ja keiner.

3. Person männlich

1. Fall (Nominativ)	**Er** singt in der Badewanne.
3. Fall (Dativ)	**Ihm** gefällt das.
4. Fall (Akkusativ)	**Ihn** hört ja keiner.

3. Person weiblich

1. Fall (Nominativ)	**Sie** singt in der Badewanne.
3. Fall (Dativ)	**Ihr** gefällt das.
4. Fall (Akkusativ)	**Sie** hört ja keiner.

3. Person sächlich

1. Fall (Nominativ)	**Es** singt in der Badewanne.
3. Fall (Dativ)	**Ihm** gefällt das.
4. Fall (Akkusativ)	**Es** hört ja keiner.

Plural

1. Person

1. Fall (Nominativ) **Wir** singen in der Badewanne.

3. Fall (Dativ) **Uns** gefällt das.

4. Fall (Akkusativ) **Uns** hört ja keiner.

2. Person

1. Fall (Nominativ) **Ihr** singt in der Badewanne.

3. Fall (Dativ) **Euch** gefällt das.

4. Fall (Akkusativ) **Euch** hört ja keiner.

3. Person

1. Fall (Nominativ) **Sie** singen in der Badewanne.

3. Fall (Dativ) **Ihnen** gefällt das.

4. Fall (Akkusativ) **Sie** hört ja keiner.

Der 2. Fall des Personalpronomens fehlt, weil er nur noch ganz selten benutzt wird: Gedenke **meiner.**

Mit den **Personalpronomen** er, sie, es, wir, sie kann man **Nomen** ersetzen, die man bereits genannt hat und nicht wiederholen will.

Sina holt mich zum Fußball ab. **Sie** steht vor der Tür.

Ich suche mein **Trikot. Es** hängt noch im Bad.

Wo ist mein **Ball? Er** liegt unter meinem Bett.

Am Himmel ziehen **Regenwolken** auf. **Sie** stören uns nicht.

Ich gehe mit **Sina** raus. **Wir** sind ja nicht aus Zucker.

Das Personalpronomen **es** verwendet man auch, wenn der, der etwas verursacht oder bewirkt, nicht genannt wird.

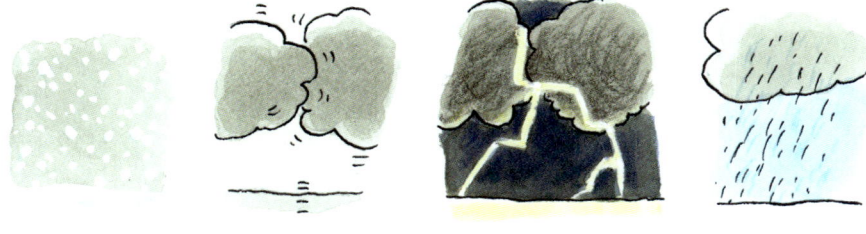

Es schneit.   **Es** donnert.   **Es** blitzt.   **Es** regnet.

Possessivpronomen (besitzanzeigendes Fürwort)

Possessivpronomen sind **mein, dein, sein, ihr, unser, euer, ihr.** Mit ihnen kann man ausdrücken, wem etwas oder zu wem jemand gehört.
Das kann auch etwas sein, was man nicht direkt besitzt.

Meine Mutter hat verschlafen.

Ich verpasse bestimmt **meinen** Bus.

Jedem **Personalpronomen** kann ein **Possessivpronomen** zugeordnet werden.

Personalpronomen	Possessivpronomen
Ich habe einen Freund.	Das ist **mein** Freund.
Du hast einen Freund.	Das ist **dein** Freund.
Er hat einen Freund.	Das ist **sein** Freund.
Sie hat einen Freund.	Das ist **ihr** Freund.
Es hat einen Freund.	Das ist **sein** Freund.
Wir haben einen Freund.	Das ist **unser** Freund.
Ihr habt einen Freund.	Das ist **euer** Freund.
Sie haben einen Freund.	Das ist **ihr** Freund.

Das **Possessivpronomen** wird meistens als **Begleiter** eines **Nomens** verwendet. Dann steht es vor dem Nomen. Es richtet sich im Singular und Plural, im Geschlecht und im Fall nach dem Nomen. Es wird **dekliniert** (gebeugt).

Singular

1. Fall (Nominativ)
Mein Freund / **meine** Freundin / **mein** Kaninchen ist witzig.

2. Fall (Genitiv)
Über die Späße **meines** Freundes / **meiner** Freundin / **meines** Kaninchens lachen alle.

3. Fall (Dativ)
Mit **meinem** Freund / **meiner** Freundin / **meinem** Kaninchen übe ich Zauberkunststücke.

4. Fall (Akkusativ)
Bald melde ich **meinen** Freund / **meine** Freundin / **mein** Kaninchen und mich im Zirkus an.

Plural

1. Fall (Nominativ)
Meine Freunde / **meine** Freundinnen /
meine Kaninchen sind witzig.

2. Fall (Genitiv)
Über die Späße **meiner** Freunde / **meiner** Freundinnen /
meiner Kaninchen lachen alle.

3. Fall (Dativ)
Mit **meinen** Freunden / **meinen** Freundinnen /
meinen Kaninchen übe ich Zauberkunststücke.

4. Fall (Akkusativ)
Bald melde ich **meine** Freunde / **meine** Freundinnen /
meine Kaninchen und mich im Zirkus an.

Das **Possessivpronomen** kann auch als **Stellvertreter**
für ein **Nomen** verwendet werden.

Wem gehört der Ball?
Es ist **meiner.**
Von wegen, es ist **seiner.**

Die Possessivpronomen
**dein, sein, ihr, unser,
euer, ihr** werden wie
mein dekliniert.
Bald melde ich unser
Kaninchen im Zirkus an.

57

Diese Farbe
gefällt mir.

Demonstrativpronomen (hinweisendes Fürwort)

Mit einem **Demonstrativpronomen** zeigt man auf etwas
oder weist auf etwas Gesagtes hin. Das wird dann besonders
hervorgehoben.

dieser, diese, dieses	**Diese** Farbe gefällt mir gut.
der, die, das	**Die** dort gefällt mir noch besser.
jener, jene, jenes	**Jene** Farbe neulich war die beste.

Das **Demonstrativpronomen** kommt oft als **Begleiter** eines **Nomens** vor. Dann steht es vor dem Nomen. Es richtet sich im Singular und Plural, im Geschlecht und im Fall nach dem Nomen. Es wird **dekliniert** (gebeugt).

Singular

1. Fall (Nominativ)
Dieser Rock ist zu eng.
Diese Hose ist zu eng.
Dieses Hemd ist zu eng.

2. Fall (Genitiv)
Die Farbe **dieses** Rockes ist zu grell.
Die Farbe **dieser** Hose ist zu grell.
Die Farbe **dieses** Hemdes ist zu grell.

3. Fall (Dativ)
Diesem Rock fehlt ein Knopf.
Dieser Hose fehlt ein Knopf.
Diesem Hemd fehlt ein Knopf.

4. Fall (Akkusativ)
Ich sende **diesen** Rock zurück.
Ich sende **diese** Hose zurück.
Ich sende **dieses** Hemd zurück.

Plural

1. Fall (Nominativ)
Diese Röcke sind zu eng.
Diese Hosen sind zu eng.
Diese Hemden sind zu eng.

2. Fall (Genitiv)
Die Farben **dieser** Röcke sind zu grell.
Die Farben **dieser** Hosen sind zu grell.
Die Farben **dieser** Hemden sind zu grell.

3. Fall (Dativ)
Diesen Röcken fehlt ein Knopf.
Diesen Hosen fehlt ein Knopf.
Diesen Hemden fehlt ein Knopf.

4. Fall (Akkusativ)
Ich sende **diese** Röcke zurück.
Ich sende **diese** Hosen zurück.
Ich sende **diese** Hemden zurück.

Jener, jene, jenes
werden wie **dieser, diese,**
dieses dekliniert.

Das **Demonstrativpronomen** kann auch als **Stellvertreter** für ein **Nomen** verwendet werden. Es wird wie das Nomen, das es ersetzt, **dekliniert** (gebeugt).

Ich brauche einen Mantel. **Dieser** ist zu klein.

Passt der Mantel? **Jener** neulich passte besser.

Welcher Mantel gefällt dir? **Der** dort!

Ich brauche eine Hose. **Diese** ist zu eng.

Passt die Hose? **Jene** neulich passte besser.

Welche Hose gefällt dir? **Die** dort!

Ich brauche ein T-Shirt. **Dieses** ist zu weit.

Passt das T-Shirt? **Jenes** neulich passte besser.

Welches T-Shirt gefällt dir? **Das** dort!

Das Demonstrativpronomen kann auch auf einen ganzen Satz hinweisen.
Was, du gehst jetzt in die Stadt?
Ja, das habe ich dir doch gesagt.

Präposition (Verhältniswort)

Präpositionen treten immer zusammen mit einem anderen Wort auf. Sie beschreiben Beziehungen, das heißt, sie drücken aus, in welchem Verhältnis Menschen oder Dinge zueinander stehen.

Wir gehen	**in** den Zirkus.
Wir besuchen die Vorstellung	**um** 15 Uhr.
Wir fahren	**trotz** des Gewitters.
Wir gehen ja nicht	**zu** Fuß.

Einteilung der Präpositionen

Präpositionen sagen mit den anderen Wörtern zusammen etwas über den **Ort,** die **Zeit,** den **Grund** oder die **Art und Weise** aus. Sie beziehen sich oft auf ein Nomen.

Präposition	Fragewort	Beispiel
Ort/Richtung auf, in, aus, ab, an, hinter, vor, neben, unter, über, zu, nach …	**Wo?** **Wohin?** **Woher?**	**auf** dem Trapez **in** den Zirkus **aus** der Schule
Zeit um, in, ab, bis, seit, während …	**Wann?**	**ab** Montag **in** drei Wochen
Grund/ Gegengrund trotz, wegen, dank …	**Warum?** **Wozu?**	**wegen** Krankheit **dank** deiner Hilfe
Art und Weise mit, zu, ohne, aus, für, mit …	**Wie?**	**mit** dem Fahrrad **ohne** Regenschirm

Manche Präpositionen, wie zum Beispiel **in, aus, ab,** können verschieden verwendet werden.
In drei Wochen gehe ich in den Zirkus.

Präpositionen und nachfolgender Fall

Präpositionen mit dem 2. Fall (Genitiv),
zum Beispiel: **trotz, wegen, während, dank**

Trotz des Regens ging ich an den Strand.
Wegen des Regens wollte keiner mit.
Während des Regens saß ich im Strandkorb.
Dank des Regens störte mich keiner.

Präpositionen mit dem 3. Fall (Dativ), zum Beispiel:
aus, seit, bei, gegenüber, zu, nach, mit, von

Ich komme **aus der** Türkei. **Seit letztem** Jahr
wohnen wir **bei meinem** Opa. **Gegenüber der**
Wohnung ist eine Halfpipe. **Zu ihr** gehe ich
oft **nach der** Schule. Dort treffe ich mich **mit meinen**
Freunden. Ich habe schon viel **von ihnen** gelernt.

Präpositionen mit dem 4. Fall (Akkusativ),
zum Beispiel: **für, durch, um, ohne, gegen**

Ich besorge noch schnell ein Geschenk **für**
meine Schwester. **Durch den** Verkehr komme
ich **um diese** Zeit am schnellsten mit meinem Rad.
Aber nicht **ohne mein** Fahrradschloss. Wo ist es?
Ist heute alles **gegen mich?**

Präpositionen, die einen **Ort** oder eine **Lage** bezeichnen, werden mit dem **3. Fall** (Dativ) verwendet. Bezeichnen sie eine **Richtung,** dann folgt der **4. Fall** (Akkusativ).

4. Fall
(Akkusativ):
Wohin?

3. Fall
(Dativ):
Wo?

Tim klettert **auf den** Turm.	Er steht **auf dem** Turm.
Setz dich **neben mich,** Yuna.	Sie sitzt jetzt **neben mir.**
Ich hänge die Uhr **an die** Wand.	Jetzt hängt sie **an der** Wand.
Ich flitze **hinter den** Baum.	**Hinter dem** Baum findet man mich nie.
Lege das Buch **zwischen die** Hefte.	Das Buch liegt **zwischen den** Heften.
Der Ballon fliegt **über den** See.	Ich sehe ihn **über dem** See.
Ich lege die Taschenlampe **unter mein** Bett.	Die Taschenlampe liegt **unter meinem** Bett.

Präpositionen verändern ihre Form nie. Sie bestimmen aber den **Fall** der Wörter, die danach folgen.

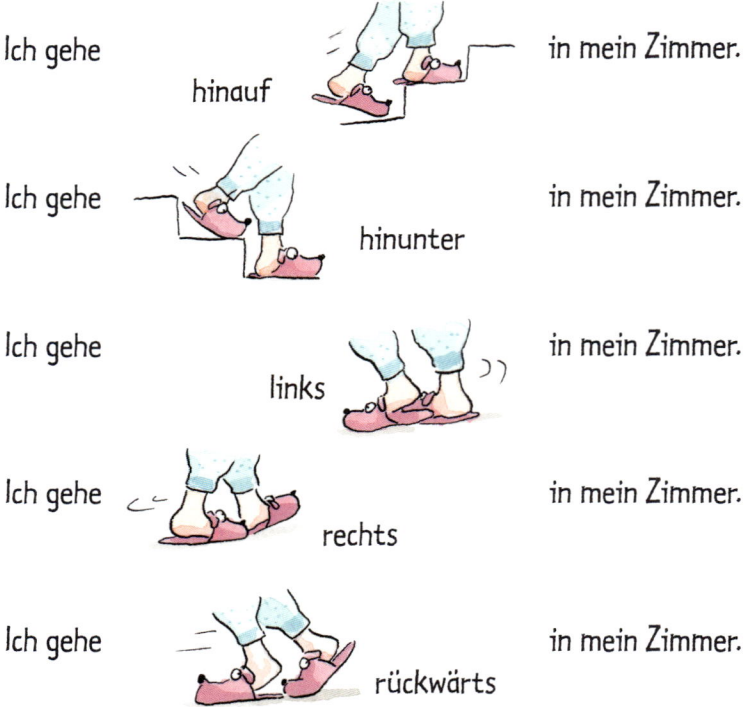

Ich gehe **hinauf** in mein Zimmer.

Ich gehe **hinunter** in mein Zimmer.

Ich gehe **links** in mein Zimmer.

Ich gehe **rechts** in mein Zimmer.

Ich gehe **rückwärts** in mein Zimmer.

Adverb (Beiwort / Umstandswort)

Adverbien liefern im Satz zusätzliche Informationen.

Ich bin müde.
Ich gehe ins Bett.
Ich gehe
in mein Zimmer.
Ich lese nicht mehr. Ich
mache das Licht aus.

Ich bin **sehr** müde.
Ich gehe **jetzt** ins Bett.
Ich gehe **rüber**
in mein Zimmer.
Ich lese nicht mehr. **Also**
mache ich das Licht aus.

Einteilung der Adverbien

Adverbien geben den **Ort,** die **Zeit,** den **Grund** und die **Art und Weise** an. Sie stehen oft beim **Verb.**

Die Adverbien des Ortes geben einen Ort an, ein Ziel oder die Herkunft.

Adverb	Fragewort	Beispiel
Ort/Richtung herauf, überall, unten, oben, links, rechts, draußen, hinten, hier, dort, bergauf, nirgends …	**Wo? Wohin? Woher?**	**überall** suchen **draußen** spielen **links** abbiegen **bergauf** gehen von **hinten** anschleichen

Die Adverbien der Zeit geben einen Zeitpunkt, eine Dauer oder eine Wiederholung an.

Adverb	Fragewort	Beispiel
Zeit jetzt, abends, oft, gerade, morgens, immer, niemals, damals, heute …	**Wann? Wie lange? Wie oft?**	**morgens** frühstücken **oft** lachen **niemals** streiten

Die Adverbien des Grundes geben den Grund oder
die Ursache einer Handlung oder eines Geschehens an.

Adverb	Fragewort	Beispiel
Grund daher, darum, deshalb, deswegen, sonst, also …	**Warum?** **Weshalb?** **Wieso?**	**deswegen** demonstrieren **darum** üben **deshalb** feiern **sonst** verdursten

Die Adverbien der Art und Weise geben die Art
und Weise an, wie etwas geschieht oder vorkommt.

Adverb	Fragewort	Beispiel
Art und Weise sehr, kopflos, gern, genauso, haufenweise, nebenbei, bestimmt …	**Wie?** **Auf welche** **Weise?**	**gern** singen **bestimmt** gewinnen **nebenbei** lesen **haufenweise** vorkommen **kopflos** herumrennen

Adverbien verändern ihre Form nicht.

> Ich habe **gerade** in der Küche Ameisen entdeckt.
> Sie krabbeln **überall herum.**
> Sie kommen **bestimmt** von **draußen.**
> Ich untersuche **deshalb** den Blumenkasten.
> **Dort** haben sie sich **haufenweise** eingenistet.

Einige wenige **Adverbien** kann man steigern, obwohl
sie eigentlich unveränderbar sind.

> Ich kicke **gern** auf dem Bolzplatz. **Lieber**
> gehe ich zum Training. **Am liebsten** gehe ich
> ins Fußballstadion.

> Ich maile **oft** meiner Freundin. **Häufiger** simse
> ich. **Am häufigsten** chatte ich.

> Ich lese **viel** in der Schule. **Mehr** lese ich am
> Wochenende. **Am meisten** lese ich in den Ferien.

Adjektiv und Adverb kann
man leicht verwechseln.
Adjektive beziehen sich aber
immer auf ein Nomen.
Kopflose Menschen können,
wenn es brenzlig wird,
kopflos herumrennen.

Numerale (Zahlwort)

Numeralien geben die Zahl oder die Menge an,
in der etwas vorkommt oder gemacht wird. **Zahlwörter**
werden in verschiedenen **Wortarten** verwendet.

Zahlnomen	Die **Fünf** ist meine Lieblingszahl.
Zahladjektiv	Ich habe **fünf** Wünsche.
Zahladverb	Das habe ich jetzt schon **zehnmal** gesagt: „Es gibt **erstens** keinen Hund und **zweitens** auch keinen Hasen."

Bestimmtes und unbestimmtes Zahlwort

Es gibt **bestimmte** und **unbestimmte Zahlwörter.**
Die bestimmten Zahlwörter geben die genaue Zahl an.
Die unbestimmten Zahlwörter bezeichnen eine nicht
genaue, unbestimmte Menge.

Bestimmte Zahlwörter	
Kardinalzahlen (Grundzahlen)	null, eins, zwei, tausend …
Ordinalzahlen (Ordnungszahlen) Zahl + -te oder -ste	der Zwei**te,** der Elf**te,** der Hundert**ste** …
Bruchzahlen Zahl + -tel	ein Vier**tel,** drei Vier**tel** …
Vervielfältigungszahlen Zahl + -fach	zwei**fach,** drei**fach** …
Wiederholungszahlen Zahl + -mal	zwei**mal,** tausend**mal** …
Einteilungszahlen je + Zahl	**je** zwei, **je** sechs …
Unbestimmte Zahlwörter	
wenig, einige, viele, andere, ganz, ein paar, mehr, zahllos, zahlreich	

Aufbau von Wörtern

In jeder Sprache entstehen ständig neue Wörter.
Sie werden aus bestehenden Wörtern und Wortbausteinen
gebildet. Möglichkeiten der Wortbildung sind:

Zusammensetzung	das Spiel + das Feld = das Spielfeld
Ableitung	spielen → bespielen
Wortkürzung	der Schiedsrichter → der Schiri

Wortfamilie

Eine **Wortfamilie** besteht aus Wörtern verschiedener
Wortarten, die sprachlich miteinander verwandt sind.
Sie haben alle den gleichen **Wortstamm.** In einer
Wortfamilie gibt es zusammengesetzte Wörter und Wörter,
die vom gemeinsamen Wortstamm abgeleitet werden.

Spiel

be**spiel**en   der **Spiel**gefährte   **spiel**en
der **Spiel**er   die **Spiel**erin   die **Spiel**erei
das Heim**spiel**   das Ball**spiel**
das Kinder**spiel**   an**spiel**en   **spiel**end
die **Spiel**straße   **spiel**berechtigt   vor**spiel**en
das **Spiel**   die **Spiel**regel   das **Spiel**brett
das **Spiel**feld   **spiel**erisch
ver**spiel**en   das **Spiel**zeug
ab**spiel**en   ver**spiel**t

Zusammensetzung

Bei Zusammensetzungen werden zwei oder mehrere selbstständige Wörter miteinander verbunden. Es können Wörter der gleichen Wortart sowie Wörter verschiedener Wortarten miteinander kombiniert werden.

hinter	+	der Hof	=	der Hinterhof
Präposition		Nomen		
hoch	+	das Haus	=	das Hochhaus
Adjektiv		Nomen		
nieseln	+	der Regen	=	der Nieselregen
Verb		Nomen		
bitter	+	kalt	=	bitterkalt
Adjektiv		Adjektiv		
der Regen	+	der Bogen	=	der Regenbogen
Nomen		Nomen		
das Wunder	+	schön	=	wunderschön
Nomen		Adjektiv		
weiter	+	spielen	=	weiterspielen
Adverb		Verb		

In zusammengesetzten Wörtern wird das letzte Wort
als **Grundwort** bezeichnet. Es bestimmt die Wortart.

gegen	+	das **Tor**	=	das Gegen**tor**
Präposition		**Nomen**		**Nomen**
zurück	+	**spielen**	=	zurück**spielen**
Adverb		**Verb**		**Verb**
das Haus	+	**hoch**	=	haus**hoch**
Nomen		**Adjektiv**		**Adjektiv**

Bei Nomen bestimmt das Grundwort auch Geschlecht und
Singular und Plural des zusammengesetzten Wortes.

der Fuß + **der** Ball + **der Spieler** = **der** Fußballspieler

der Fuß + **der** Ball + **die Spielerin** = **die** Fußballspielerin

der Fuß + **der** Ball + **das Feld** = **das** Fußballfeld

der Fuß + **der** Ball + **die Spieler** = **die** Fußballspieler

Das erste Wort erklärt und bestimmt das Grundwort näher.
Es wird **Bestimmungswort** genannt.

Gegentor — ein Tor der **gegnerischen** Mannschaft
zurückspielen — den Ball **zurück** zum Torwart spielen
haushoch — so hoch wie ein **Haus**

75

Bei **Zusammensetzungen** werden Bestimmungswort und Grundwort oft nur aneinandergereiht. Manchmal müssen dafür Buchstaben eingefügt werden.

> der Ball + das Training   =   das Balltraining
>
> das Training + das Lager   =   das Training $\boxed{\text{s}}$ lager

Bildet ein **Nomen** den ersten Teil einer Zusammensetzung, werden oft die Buchstaben **-e-, -n-, -en-, -es-, -s-, -ens-, -er-** eingefügt. Diese nennt man **Fugenzeichen.**

> der Hund + der Korb   =   der Hund $\boxed{\text{e}}$ korb
>
> die Sonne + der Schein   =   der Sonne $\boxed{\text{n}}$ schein
>
> der Bär + der Hunger   =   der Bär $\boxed{\text{en}}$ hunger
>
> der Tag + das Licht   =   das Tag $\boxed{\text{es}}$ licht
>
> der Monat + die Karte   =   die Monat $\boxed{\text{s}}$ karte
>
> das Herz + der Wunsch   =   der Herz $\boxed{\text{ens}}$ wunsch
>
> das Kind + der Garten   =   der Kind $\boxed{\text{er}}$ garten
>
> der Hund + müde   =   hund $\boxed{\text{e}}$ müde
>
> die Sonne + klar   =   sonne $\boxed{\text{n}}$ klar
>
> der Bär + stark   =   bär $\boxed{\text{en}}$ stark
>
> das Land + weit   =   land $\boxed{\text{es}}$ weit
>
> der Tag + über   =   tag $\boxed{\text{s}}$ über
>
> das Herz + gut   =   herz $\boxed{\text{ens}}$ gut
>
> das Kind + leicht   =   kind $\boxed{\text{er}}$ leicht

Bei der Zusammensetzung von Wörtern können aber auch Buchstaben wegfallen. Bildet zum Beispiel ein **Verb** den ersten Teil einer Zusammensetzung, fällt die **Endung** der Grundform **-en** oder **-n** weg.

fahr(en)	+	die Bahn	=	die Fahrbahn
bügel(n)	+	das Eisen	=	das Bügeleisen
plapper(n)	+	das Maul	=	das Plappermaul
pürier(en)	+	der Stab	=	der Pürierstab
fahr(en)	+	bereit	=	fahrbereit
bügel(n)	+	frei	=	bügelfrei

Ableitung

Wörter werden auch durch **Ableitungen** gebildet.
Im Mittelpunkt steht dabei der **Wortstamm.**
Von ihm aus können mit unterschiedlichen Methoden
neue Wörter abgeleitet werden.

Es wird ein **Präfix** angefügt. Präfixe sind vorangestellte
Wortbausteine, die nicht alleine stehen können.

bequem → **un**bequem   reißen → **zer**reißen

Es wird ein **Suffix** angefügt. Suffixe sind nachgestellte
Wortbausteine, die nicht alleine stehen können.

klein → klein**lich**   Kleid → Kleid**chen**

Der **Wortstamm** des Worts wird verändert. Dabei ändert
sich häufig die Wortart.

fliegen → (der) Fl**u**g   reiten → (der) Ri**tt**

Das Wort wird äußerlich nicht verändert. Es wechselt nur
die Wortart.

schreiben → (das) **S**chreiben   schwarz → (das) **S**chwarz

Die unterschiedlichen Methoden werden
bei der Wortbildung vielfach gemischt.

er – find – er – isch
Präfix   Wortstamm   Suffix   Suffix

Ableitung mithilfe von Präfixen

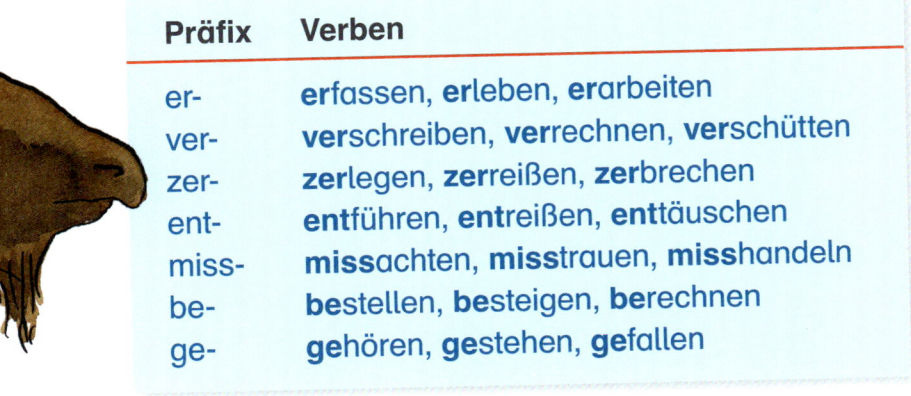

Präfix	Verben
er-	**er**fassen, **er**leben, **er**arbeiten
ver-	**ver**schreiben, **ver**rechnen, **ver**schütten
zer-	**zer**legen, **zer**reißen, **zer**brechen
ent-	**ent**führen, **ent**reißen, **ent**täuschen
miss-	**miss**achten, **miss**trauen, **miss**handeln
be-	**be**stellen, **be**steigen, **be**rechnen
ge-	**ge**hören, **ge**stehen, **ge**fallen

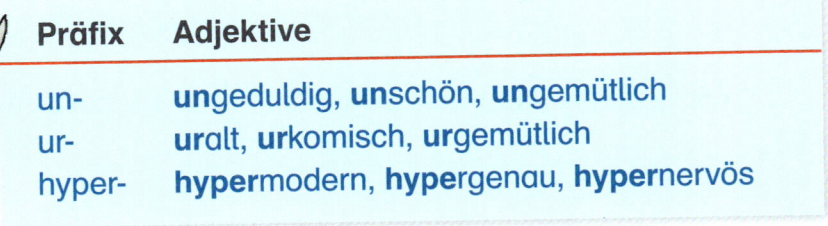

Präfix	Nomen
Un-	**Un**ordnung, **Un**ruhe, **Un**geduld
Ur-	**Ur**wald, **Ur**oma, **Ur**sache
Miss-	**Miss**erfolg, **Miss**geschick, **Miss**verständnis

Präfix	Adjektive
un-	**un**geduldig, **un**schön, **un**gemütlich
ur-	**ur**alt, **ur**komisch, **ur**gemütlich
hyper-	**hyper**modern, **hyper**genau, **hyper**nervös

Ableitung mithilfe von Suffixen

Suffix	Nomen → Nomen
-chen	Klei**dchen**, Bil**dchen**, Bein**chen**
-lein	Kirch**lein**, Häus**lein**, Brief**lein**
-in	Freund**in**, Partner**in**, Nachbar**in**
-er	Mannheim**er**, Berlin**er**, Heidelberg**er**
-ei	Metzger**ei**, Schreiner**ei**, Gärtner**ei**
-schaft	Land**schaft**, Freund**schaft**, Partner**schaft**

Suffix	Verben → Nomen
-ung	Mitteil**ung**, Rechn**ung**, Heiz**ung**
-er	Mal**er**, Fahr**er**, Erfind**er**
-ei	Grübel**ei**, Hampel**ei**, Meckere**i**
-schaft	Bürg**schaft**, Lieb**schaft**, Erb**schaft**

Suffix	Adjektiv → Nomen
-heit	Schön**heit**, Dunkel**heit**, Gesund**heit**
-keit	Heiter**keit**, Fröhlich**keit**, Tapfer**keit**
-e	Tief**e**, Breit**e**, Still**e**
-tum	Eigen**tum**, Reich**tum**, Heilig**tum**

Suffix	Adjektiv → Adjektiv
-lich	klein**lich**, süß**lich**, gelb**lich**

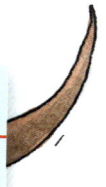

Suffix	Verb → Adjektiv
-bar	brauch**bar**, dreh**bar**, liefer**bar**
-lich	empfind**lich**, bedroh**lich**, beweg**lich**
-sam	spar**sam**, wach**sam**, bieg**sam**
-isch	mürr**isch**, neck**isch**, stürm**isch**

Suffix	Nomen → Adjektiv
-lich	freund**lich**, glück**lich**, mensch**lich**
-isch	neid**isch**, maler**isch**, herr**isch**
-ig	lust**ig**, geiz**ig**, blut**ig**
-los	neid**los**, zahn**los**, erfolg**los**

Ableitung durch Veränderung des Vokals (Selbstlauts) im Wortstamm

Vokal	Veränderung
-e-	sprechen, der Spruch, die Sprache, gesprächig
-ei-	schreiten, der Schritt
-ie-	genießen, der Genuss, genüsslich
-a-	graben, der Gräber, die Grube
-u-	der Sturm, stürmen
-o-	loben, löblich
-au-	der Traum, träumen

Ableitung durch Wortartwechsel

Verb → Nomen
rufen → der Ruf   fallen → der Fall
stoßen → der Stoß   knallen → der Knall

Adjektiv → Verb
welk → welken   sicher → sichern
gesund → gesunden   locker → lockern

Nomen → Verb
der Test → testen   der Bagger → baggern
die Rast → rasten   der Hunger → hungern

Wortkürzung

Zur Wortbildung gehören auch Wortkürzungen.
Bei Wortkürzungen können stehen bleiben:

**einzelne Buchstaben eines Wortes oder
einer Wortgruppe**

ZDF	**Z**weites **D**eutsches **F**ernsehen
UFO	**u**nbekanntes **F**lug**o**bjekt
SpVgg.	**Sp**iel**v**ereini**gung**

Silben aus einem Wort oder aus einer Wortgruppe

Kita	**Kinderta**gesstätte
Schiri	**Schi**eds**ri**chter
Kripo	**Kri**minal**po**lizei

ein zusammenhängender Teil eines Wortes

Mathe	**Mathe**matik
Limo	**Limo**nade
Tacho	**Tacho**meter

**Es gibt auch Mischformen aus Buchstaben
und Wortteilen.**

O-Saft	**O**rangen**saft**
U-Bahn	**U**ntergrund**bahn**
S-Bahn	**S**chnell**bahn**

83

Satzglieder

Ein **Satz** besteht aus einzelnen Wörtern. Damit man
einen Satz versteht, muss er nach bestimmten Regeln zu-
sammengebaut werden. Die Bausteine dafür nennt
man **Satzglieder.** Ein Satzglied kann ein einzelnes Wort
oder eine Gruppe von Wörtern sein.

Satzglieder

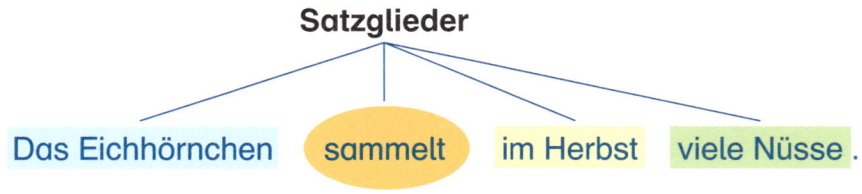

Das Eichhörnchen sammelt im Herbst viele Nüsse.

84

Umstellprobe

Satzglieder nennt man die Wörter und Wortgruppen,
die man umstellen oder verschieben kann, ohne dass sich
der Sinn des Satzes verändert. Mit der **Umstellprobe**
kann man in einem Satz die Satzglieder herausfinden.

Das Eichhörnchen **sammelt** im Herbst viele Nüsse .

Im Herbst **sammelt** das Eichhörnchen viele Nüsse .

Viele Nüsse **sammelt** das Eichhörnchen im Herbst .

Das Eichhörnchen **sammelt** viele Nüsse im Herbst .

Viele Nüsse **sammelt** im Herbst das Eichhörnchen .

Prädikat (Satzaussage)

Das **Prädikat** ist der wichtigste Teil eines Satzes.
Mit ihm fragt man nach den einzelnen Satzgliedern.

Manche Prädikate verlangen nur eine Wer-Ergänzung,
ein **Subjekt** (Satzgegenstand). Andere haben weitere
Ergänzungen.

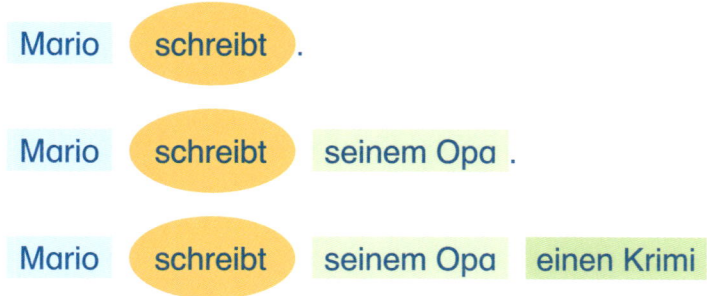

Das **Prädikat** wird immer mit einem Verb gebildet.
Es kann eine Handlung, einen Vorgang oder einen Zustand
ausdrücken. Das Prädikat gibt Antworten auf die Fragen:

Was tut jemand?   **Was geschieht?**

Mario   liest
Er   schreibt
               zeichnet   .   Es   klirrt
               malt   knackt
               tippt   scheppert   .
                                         knistert
                                         knarrt

Das Prädikat stimmt in Person und **Singular** und **Plural**
mit dem **Subjekt** überein.

Mario und sein Hund   jagen
Sie   verfolgen
Wir   überwältigen   den Dieb.
                       fangen
                       stellen

Das **Prädikat** steht im Aussagesatz immer an der
zweiten Stelle, unabhängig von der Länge des Satzes.

Zoe sucht .

Zoe sucht ihre Katze.

Zoe sucht ihre Katze unterm Bett.

Zoe sucht ihre Katze unterm Bett in ihrem Zimmer.

Auch wenn man Satzglieder umstellt oder verschiebt,
bleibt das Prädikat immer an der zweiten Stelle stehen.

Zoe sucht ihre Katze unterm Bett in ihrem Zimmer .

Ihre Katze sucht Zoe unterm Bett in ihrem Zimmer .

Unterm Bett sucht Zoe in ihrem Zimmer ihre Katze .

In ihrem Zimmer sucht Zoe ihre Katze unterm Bett .

Das **Prädikat** kann aus einem einzigen Wort bestehen.

Die Katze **liegt** unter dem Bett.

Das Prädikat kann auch aus mehreren Teilen bestehen.
Dann bleibt der eine Teil an der zweiten Stelle stehen.
Der andere Teil rutscht an das Satzende.
Man spricht dann von einer **Satzklammer.**

Das **mehrteilige Prädikat** wird verwendet:

> Es gibt sechs Modalverben: müssen, dürfen, können, mögen, sollen, wollen.

im Perfekt

Die Katze **hat** unter dem Bett **gelegen** .

im Futur

Zoe **wird** sicher ihre Katze **wiederfinden** .

im Passiv

Die Katze **wird** von Zoe **gesucht** .

bei Modalverben

Zoe **muss** ihre Katze unbedingt **finden** .

bei trennbaren Verben

Zoe **zieht** ihre Katze unter dem Bett **hervor** .

Subjekt (Satzgegenstand)

Das **Subjekt** ist ein Satzglied. Es kann zusammen mit dem Prädikat einen vollständigen Satz bilden. Nach dem Subjekt fragt man mit **wer** oder **was**.

Der Astronaut **trainiert** .   Der Satellit **kreist** .

Wer trainiert?   **Was** kreist?
→ **der Astronaut**   → **der Satellit**

Ein **Subjekt** kann aus verschiedenen Wörtern oder einer Wortgruppe bestehen.

Nomen mit Artikel	**Die Erde** gehört zu den Planeten.
Nomen ohne Artikel	**Planeten** sind verschieden groß.
Nomen mit Artikel und Adjektiv	**Der kleine Pluto** gehört nicht mehr zu den Planeten.
Pronomen	**Er** gehört zu den Zwergplaneten.
Aufzählung von Nomen	**Makemake, Ceres und Eris** sind auch Zwergplaneten.
Zahlwort	**Alle** kreisen um die Sonne.

Das Subjekt steht im **1. Fall** (Nominativ). Je nach Bedeutung und Betonung steht es an verschiedenen Stellen.

Der kleine Pluto gehört nicht mehr zu den Planeten.

Zu den Planeten gehört der kleine Pluto nicht mehr.

Zu den Planeten gehört nicht mehr der kleine Pluto .

Objekt (Satzergänzung)

Oft reichen Subjekt und Prädikat für einen sinnvollen Satz nicht aus. Dann brauchen sie eine Ergänzung. Erst dann wirkt der Satz vollständig. Diese Ergänzungen nennt man **Objekte.**

Nic hat eine Idee.

Nic kauft Material.

Nic sucht eine Säge.

Das **Prädikat** bestimmt, ob, welche und wie viele Objekte notwendig sind, damit ein vollständiger Satz entsteht.
Denn manche Verben verlangen:

kein Objekt

Nic bastelt.

nur ein Objekt

Er braucht eine Säge.

ein zweites Objekt

Lisa leiht ihrem Freund eine Säge.

Verben, die kein Objekt brauchen, sind zum Beispiel: bellen, schlafen, laufen, blühen, leuchten, brennen, telefonieren, weinen, lesen, regnen.

Das **Objekt** ist ein Satzglied. Es ergänzt das Subjekt
und das Prädikat und gibt weitere Auskünfte.
Zu einem Satz können ein oder mehrere Objekte gehören.

Nic bastelt.

Nic bastelt ein Häuschen .

Nic bastelt seinem Meerschweinchen ein Häuschen .

Es gibt verschiedene Arten von Objekten. Je nach Verb
stehen sie im **2. Fall** (Genitiv), im **3. Fall** (Dativ) oder
im **4. Fall** (Akkusativ). Man fragt nach ihnen mit:

Wen?
Was?

Nic leiht sich eine Säge .

Was leiht sich Nic? → **eine Säge**

Er fragt seine Freundin Lisa .

Wen fragt er? → **seine Freundin Lisa**

Wem?

Lisa leiht ihrem Freund die Säge.

Wem leiht Lisa die Säge? → **ihrem Freund**

Wessen?

Nic bedarf Lisas Hilfe .

Wessen bedarf Nic? → **Lisas Hilfe**

Akkusativobjekt (Satzergänzung im 4. Fall)

Das **Akkusativobjekt** wird in unserer Sprache häufig verwendet. Nach ihm fragt man mit **wen** oder **was.**

Ich kaufe eine bunte Brezel .

Was kaufe ich? → **eine bunte Brezel**

Ich kenne den Brezelbäcker .

Wen kenne ich? → **den Brezelbäcker**

Das Akkusativobjekt kann, je nachdem was man betonen will, an verschiedenen Stellen im Satz stehen:

Brave Bäcker backen billig bunte Brezeln .

Bunte Brezeln backen brave Bäcker billig.

Brave Bäcker backen bunte Brezeln billig.

Verben, die ein Akkusativobjekt verlangen, sind zum Beispiel: kaufen, treffen, besuchen, holen, mieten, loben.

Ein **Akkusativobjekt** kann aus verschiedenen Wörtern oder einer Wortgruppe bestehen.

Nomen mit Artikel	Lisa holt **ein Backbuch.**
Nomen ohne Artikel	Nic holt **Backformen.**
Nomen mit Artikel und Adjektiv	Sie finden **ein leckeres Rezept.**
Pronomen	Lisa liest **es** vor.
Aufzählung von Nomen	Nic mixt **Eier, Butter und Milch.**
Zahlwort	Er hat **etwas** vergessen.

Verben, auf die ein Akkusativobjekt mit einer Präposition folgt, sind zum Beispiel: achten auf, sich freuen über, sich freuen auf, hoffen auf, sich kümmern um, denken an.

 Auf wen?

 An wen?

 Um wen?

 Auf was?

Dativobjekt (Satzergänzung im 3. Fall)

Das **Dativobjekt** bezeichnet hauptsächlich Personen.
Nach ihm fragt man mit **wem.**

> Die Feuerwehr hilft Menschen und Tieren .
>
> **Wem** hilft die Feuerwehr? → **Menschen und Tieren**

Das Dativobjekt kann, je nachdem was man betonen will,
an verschiedenen Stellen im Satz stehen:

> Die Feuerwehr hilft jederzeit einem hilflosen Tier .
>
> Einem hilflosen Tier hilft die Feuerwehr jederzeit.
>
> Die Feuerwehr hilft einem hilflosen Tier jederzeit.

Verben, die ein Dativobjekt verlangen,
sind zum Beispiel: antworten, helfen,
gratulieren, schaden, schmecken, verzeihen,
gehören, nützen, danken.

Ein **Dativobjekt** kann aus verschiedenen Wörtern oder einer Wortgruppe bestehen.

Nomen mit Artikel	Die Feuerwehr folgt **einem Hinweis.**
Nomen ohne Artikel	**Hinweisen** wird grundsätzlich vertraut.
Nomen mit Artikel und Adjektiv	Der Einsatz gilt **einem jungen Fuchs.** Er schwimmt im Wasser.
Pronomen	Die Feuerwehrmänner wollen **ihm** helfen.
Aufzählung von Nomen	**Der Feuerwehr und den Anwohnern** gelingt die Bergung nicht.
Zahlwort	Der junge Fuchs entwischt **allen.**

Verben, auf die ein Dativobjekt mit einer Präposition folgt, sind zum Beispiel: sich freuen mit, fragen nach, sich fürchten vor.

 Mit wem?

 Nach was?

 Nach wem?

 Vor wem?

Genitivobjekt (Satzergänzung im 2. Fall)

Das Genitivobjekt wird in unserer Sprache nur noch selten benutzt. Nach ihm fragt man mit **wessen.**

> Meine Oma erinnert sich ihrer Schulzeit .
>
> **Wessen** erinnert sich meine Oma? → **ihrer Schulzeit**

Das Genitivobjekt kann, je nachdem was man betonen will, an verschiedenen Stellen im Satz stehen:

> Mein Opa gedenkt gerne seiner ersten Liebe .
>
> Gerne gedenkt mein Opa seiner ersten Liebe .
>
> Seiner ersten Liebe gedenkt mein Opa gerne.

Es gibt nur wenige Verben, die ein Genitivobjekt verlangen, zum Beispiel: gedenken, bedürfen, sich erinnern, sich annehmen, sich enthalten, sich erbarmen, sich rühmen.

Das **Genitivobjekt** wird oft durch eine andere Satzbildung ersetzt, weil es altmodisch klingt.

Oma und Opa **erinnern sich ihrer Jugendzeit.**

Oma und Opa **erinnern sich an ihre Jugendzeit.**

Opa **gedenkt seiner ersten Liebe.**

Opa **denkt an seine erste Liebe.**

Oma **rühmt sich ihrer großen Taten.**

Oma **stellt ihre großen Taten besonders heraus.**

Beide **bedürfen unserer Unterhaltung nicht.**

Beide **brauchen unsere Unterhaltung nicht.**

Der **2. Fall** (Genitiv) wird aber häufig verwendet, wenn es sich um Besitz oder Zugehörigkeit handelt. Dann bezieht sich das Fragewort **wessen** nicht auf ein Verb, sondern auf ein Nomen.

Die große Liebe **meines Opas** ist Oma.

Wessen große Liebe ist Oma? → die **meines Opas**

Adverbiale Bestimmung (Umstandsbestimmung)

Die **adverbiale Bestimmung** ist ein Satzglied. Sie ergänzt einen Satz mit Angaben über **Ort, Zeit, Grund** und über **Art und Weise** des Geschehens. Nach ihr fragt man mit bestimmten Fragewörtern.

	Wo?	auf dem Sofa .
	Wann?	abends .
Arzu liest	**Warum?**	wegen des Lesewettbewerbs .
	Wie?	freiwillig .

Die **adverbiale Bestimmung** kann, je nachdem was man besonders hervorheben will, an verschiedenen Stellen im Satz stehen:

Auf dem Sofa liest Arzu ein Buch.

Arzu liest auf dem Sofa ein Buch.

Arzu liest ein Buch auf dem Sofa .

Als adverbiale Bestimmung können verschiedene Wortarten vorkommen:

Adverb   Wir fahren **morgen** in die Ferien.

Adjektiv   Ich packe noch **schnell** meine Sachen.

Zahladjektiv mit Nomen   Ich brauche dazu **zehn Minuten.**

Präposition mit Nomen   **Im Koffer** ist aber kein Platz mehr. Alles voll mit Arzus Büchern!

Die **adverbiale Bestimmung des Ortes** gibt Ort, Herkunft, Richtung oder eine Strecke an.
Nach ihr fragt man mit **wo, woher, wohin, wie weit.**

Das Flugzeug steht auf dem Rollfeld.

Wo steht das Flugzeug?　　　　→ **auf dem Rollfeld**

Das Flugzeug kam aus Paris.

Woher kam das Flugzeug?　　　→ **aus Paris**

Das Flugzeug fliegt nach Südafrika.

Wohin fliegt das Flugzeug?　　　→ **nach Südafrika**

Das Flugzeug fliegt bis Kapstadt.

Wie weit fliegt das Flugzeug?　　→ **bis Kapstadt**

Die adverbiale Bestimmung des Ortes wird häufig von Präpositionen eingeleitet, wie zum Beispiel: auf, aus, nach, bis, in, über.

Die **adverbiale Bestimmung der Zeit** gibt Zeitpunkt,
Wiederholung oder Dauer eines Geschehens an.
Nach ihr fragt man mit **seit wann, wann, wie oft, wie lange.**

Familie Sturm sitzt seit 14 Uhr
am Flughafen.

Seit wann sitzt Familie Sturm
am Flughafen?   → **seit 14 Uhr**

Sie fliegen um 16 Uhr.

Wann fliegen sie?   → **um 16 Uhr**

Sie fliegen jedes Jahr.

Wie oft fliegen sie?   → **jedes Jahr**

Ihr Flug dauert zwölf Stunden.

Wie lange dauert ihr Flug?   → **zwölf Stunden**

Die adverbiale Bestimmung
der Zeit wird häufig von
Präpositionen eingeleitet,
wie zum Beispiel: um, seit,
nach, vor, bis, während.

103

Die **adverbiale Bestimmung des Grundes** gibt Grund oder Ursache eines Geschehens an. Nach ihr fragt man mit **warum, weshalb, aus welchem Grund.**

Wegen des Unwetters startet
das Flugzeug nicht.

Warum startet
das Flugzeug nicht?   → **wegen des Unwetters**

Aus Sicherheitsgründen
bleibt es am Boden.

Weshalb bleibt es
am Boden?   → **aus Sicherheitsgründen**

Alle Starts verzögern sich
aufgrund des Startverbots .

Aus welchem Grund
verzögern sie sich?   → **aufgrund des Startverbots**

Die adverbiale Bestimmung
des Grundes wird häufig
von Präpositionen eingeleitet,
wie zum Beispiel: wegen, aus,
aufgrund, von.

Die **adverbiale Bestimmung der Art und Weise** gibt an, wie etwas ist, wie etwas geschieht oder woraus etwas besteht. Nach ihr fragt man mit **wie, auf welche Weise, woraus.**

Geduldig sitzen die Fluggäste im Warteraum.

Wie sitzen die Fluggäste im Warteraum? → **geduldig**

Die Kinder vertreiben sich die Zeit **mit Spielen**.

Auf welche Weise vertreiben sich die Kinder die Zeit? → **mit Spielen**

Sie falten Flugzeuge **aus Papier**.

Woraus falten sie Flugzeuge? → **aus Papier**

Die adverbiale Bestimmung der Art und Weise wird häufig von Präpositionen eingeleitet, wie zum Beispiel: mit, aus, durch, unter, um.

Satzarten

Es gibt vier **Satzarten.** Sie sind unterschiedlich aufgebaut und haben verschiedene **Satzschlusszeichen.**
Mit ihnen kann man verschiedene Absichten ausdrücken, zum Beispiel **erzählen, mitteilen, fragen, bitten, auffordern** oder **rufen.**

Aussagesatz	Ich mache das Frühstück.
Fragesatz	Wer möchte ein Ei?
Aufforderungssatz	Koch uns allen ein Ei.
Ausrufesatz	Lecker!

Aussagesatz

Mit dem **Aussagesatz** wird etwas ausgesagt, mitgeteilt oder festgestellt. Er wird in unserer Sprache am häufigsten verwendet. Der Aussagesatz endet mit einem Punkt.

Leo **kocht** gerne weiche Eier.

Gestern **ging** etwas schief.

Eierkocher **funktionieren** eben nur mit Strom.

Im Aussagesatz steht die konjugierte Verbform an zweiter Stelle im Satz.

Sonntags frühstücken wir gemeinsam.

Alle sitzen um den Tisch.

Manchmal verschläft Mama.

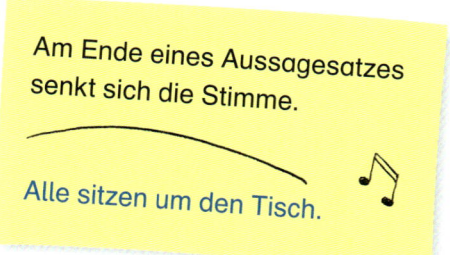

Am Ende eines Aussagesatzes senkt sich die Stimme.

Alle sitzen um den Tisch.

Fragesatz

Mit dem **Fragesatz** kann man etwas erfragen, was man noch nicht weiß. Der Fragesatz endet mit einem Fragezeichen.

> **Wo ist Mama?** Sie schläft noch.
>
> **Weckst du sie?** Ja, natürlich.

Mit dem Fragesatz kann man **Entscheidungsfragen** stellen. Auf diese antwortet man mit **ja, nein, nie** – will man sich nicht festlegen, antwortet man mit **vielleicht** oder **mal sehen.**

Die konjugierte Verbform steht bei Entscheidungsfragen meistens an erster Stelle.

Magst du Cornflakes? Ja.

Reichst du mir das Salz? Ja, gerne.

Möchtest du ein Stück Gurke? Nein, danke.

Trinkst du zum Frühstück Kaffee? Nie!

Spielt ihr nach dem Frühstück? Mal sehen.

Mit dem **Fragesatz** kann man auch **Ergänzungsfragen**
stellen. Sie werden durch Fragewörter eingeleitet.
Auf diese kann man mit einem Wort, mit mehreren Wörtern
oder mit einem Satz antworten.

Die konjugierte Verbform steht bei Ergänzungsfragen
meistens direkt hinter dem Fragewort.

Wer will eine Portion Cornflakes? Leo will eine.

Was gibt es zu trinken? Orangensaft und Milch.

Wem gehört dieses Glas? Mir.

Wo steckt eigentlich Mama? Sie kommt gleich.

Am Ende eines Fragesatzes
hebt sich die Stimme.

Wo ist Mama?

Satzbildung

Die **Fragewörter** wer oder was stehen im Fragesatz als
Stellvertreter eines Nomens. **Wer** steht für eine Person,
was steht für eine Sache. Sie gehören zu den Pronomen
und werden **dekliniert** (gebeugt).

1. Fall (Nominativ)   **Was** steht denn da?
Wer war der Täter?

2. Fall (Genitiv)   **Wessen** Idee war das bloß?

3. Fall (Dativ)   **Wem** fällt so etwas nur ein?

4. Fall (Akkusativ)   **Wen** verhaften wir jetzt?
Was brauchen wir dafür?

Die Fragewörter **welcher, welche, welches** werden auch
dekliniert. Sie kommen als **Begleiter** oder als **Stellvertreter**
eines Nomens vor. Als Stellvertreter ersetzen sie ein
Nomen, das bereits genannt wurde.

als Begleiter   **als Stellvertreter**

Welches Glas
öffnen wir zuerst?   **Welches** ist am wenigsten
verklebt?

Welche Schere
nehmen wir?   **Welche** ist dafür die beste?

Welcher Spezialist
traut sich das zu?   **Welcher** ist dafür geeignet?

Die **Fragewörter,** mit denen man nach **Ort, Zeit,** einem **Grund** oder nach der **Art und Weise** fragt, verändern ihre Form nicht.

Frage nach …	Fragewort	Beispiel
Ort/ Richtung/ Herkunft	**Wo?** **Wohin?** **Woher?** **Wie weit?**	Wo frühstücken wir?
Zeit/Dauer/ Wiederholung	**Wann?** **Wie oft?** **Wie lange?**	Wann frühstücken wir?
Grund/ Zweck	**Warum?** **Weshalb?** **Wieso?** **Wodurch?** **Wozu?**	Warum frühstücken wir nicht früher?
Art und Weise	**Wie?** **Wie viel?** **Wie sehr?** **Woraus?** **Womit?**	Wie frühstücken wir?

Häufig steht vor Fragewörtern noch eine Präposition, zum Beispiel: Seit wann? Bis wann? Um wie viel? Für wie lange?

Aufforderungssatz und Ausrufesatz

Mit dem **Aufforderungssatz** spricht man Personen
direkt an. Mit ihm kann man Befehle, Aufforderungen
oder Wünsche ausdrücken. Er endet mit einem Punkt.
Mit einem Ausrufezeichen endet er, wenn man etwas
sehr bestimmt ausdrücken will.

> Schau mal in den Briefkasten.
> Hol jetzt sofort die Sonntagszeitung!

Bei fast allen Aufforderungssätzen steht das **Verb** in der
Befehlsform. Dann steht es am Anfang des Satzes.

Gib mir den Sportteil!

Nimm du den Hauptteil.

Häng die Zeitung nicht in die Butter!

Pass auf!

Seid endlich still!

Lasst uns jetzt in Ruhe
Zeitung lesen.

Bei Aufforderungen, mit denen Personen nicht direkt
angesprochen werden, steht das Verb am Ende
des **Aufforderungssatzes** im **Infinitiv** (Grundform).

Alle mal  herhören !

Bei Rot anhalten !

Beim Linksabbiegen aufpassen !

Mit einem **Ausrufesatz** drückt man Verwunderung und
Bewunderung aus. Der Ausrufesatz endet immer mit einem
Ausrufezeichen. Verstärkt wird ein Ausrufesatz mit
kleinen Wörtern wie zum Beispiel **vielleicht, aber, so, ja.**
So kann jede Satzart zum Ausrufesatz werden.

Das ist **vielleicht** ein nettes Mädchen!

Wie groß das Kind geworden ist!

Hat sie **aber** schöne, dicke Haare!

Wie schnell die Zeit vergeht!

Sie ist eine **so** gute Schwimmerin!

Das habe ich **ja** gar nicht gewusst!

Satzformen

Es gibt verschiedene **Satzformen.** Man unterscheidet den **einfachen** und den **zusammengesetzten Satz.**

Der einfache Satz ist immer ein **Hauptsatz.**
Ein zusammengesetzter Satz kann aus zwei Hauptsätzen bestehen oder aus einem Hauptsatz und einem **Nebensatz.**

Hauptsatz

Der **Hauptsatz** kann für sich alleine stehen und hängt von keinem anderen Satz ab. Er besteht mindestens aus einem Subjekt und einem Prädikat.

Luzie   schreibt .

Der Hauptsatz kann durch weitere Satzglieder ergänzt werden. Dabei steht die konjugierte Verbform an zweiter Stelle.

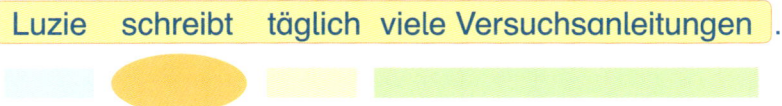

Luzie   schreibt   täglich viele Versuchsanleitungen .

Hauptsätze können durch Kommas verbunden sein oder durch **Konjunktionen** (Bindewort), zum Beispiel **und** oder **oder.** Dann entfällt das Komma.

Luzie macht Pause , ihre Freundin bringt Tee .

Magst du Kekse zum Tee oder magst du nur Tee ?

Hauptsätze können Aussagesätze, Fragesätze, Aufforderungssätze und Ausrufesätze sein.

Nebensatz

Der **Nebensatz** kann nicht für sich alleine stehen. Er ergibt nur einen Sinn, wenn er mit einem Hauptsatz verknüpft ist. Verknüpft wird er durch ein **Bindewort.** Diese Verknüpfung nennt man **Satzgefüge.** Die konjugierte Verbform steht im Nebensatz immer am Ende.

wo alle ihre Geräte stehen.

seit ihr Opa es finanziert hat.

weil sie dort ungestört arbeiten kann.

indem sie sich immer wieder neue Fragen stellt.

obwohl sie Mathe üben müsste.

damit sie nicht die Küche verwüstet.

Luzie forscht in ihrem Labor,

wenn sie Zeit hat.

Es gibt viele verschiedene **Bindewörter.** Je nachdem durch welches Bindewort ein Nebensatz eingeleitet wird, ändert sich der Inhalt des ganzen Satzgefüges.

Die Bindewörter **wo, woher** oder **wohin** leiten einen Nebensatz ein, in dem es um einen Ort oder eine Richtung geht.

Das Skagerrak ist da, **wo** sich Nordsee und Ostsee treffen.
Man sieht dort genau, **woher** der Wind weht.
Ich beobachte täglich, **wohin** die Schiffe fahren.

Die Bindewörter **seit, als, nachdem, während** oder **bevor** leiten einen Nebensatz ein, in dem es um die Zeit geht.

Wir machen Wanderungen, **seit** ich laufen kann.
Wir waren durchgefroren, **als** wir neulich nach Hause kamen.
Es gab heiße Schokolade, **nachdem** ich geduscht hatte.
Mama duschte, **während** ich es mir gemütlich machte.
Ich stibitzte ihre Wolldecke, **bevor** sie aus dem Bad kam.

Die Bindewörter **weil** oder **da** leiten einen Nebensatz ein, in dem es um einen Grund oder eine Ursache geht.

Der Igel hat kaum Feinde, **weil** er spitze Stacheln hat.
Nur Autos sind seine Feinde, **da** er bei Gefahr nicht wegläuft.

Die Bindewörter **wie** oder **indem** leiten einen Nebensatz ein, in dem es um die Art und Weise geht, wie etwas geschieht.

Es ist erstaunlich, **wie** sich manche Tiere tarnen.
Der Schneehase tarnt sich, **indem** er mit den Jahreszeiten die Farbe seines Felles wechselt.

Die Bindewörter **obwohl** oder **auch wenn** leiten einen Nebensatz ein, in dem ausgedrückt wird, warum trotzdem etwas stattfindet (Gegengrund).

Der Adventskranz brannte, **obwohl** wir aufgepasst hatten.
Das war ein Schreck, **auch wenn** dabei nichts passiert ist.

Das Bindewort **damit** leitet einen Nebensatz ein, in dem es um einen Zweck oder eine Absicht geht. Mit den Bindewörtern **dass** und **sodass** wird eine Folge angegeben.

Das Sicherheitsschloss wurde eingebaut, **damit** Einbrecher keine Chance haben.

 Wir hoffen, **dass** sich der Einbau lohnt. Das Schloss ist sogar elektronisch gesichert, **sodass** bestimmt nichts mehr passieren wird.

Die Bindewörter **falls, wenn** oder **sofern** leiten einen Nebensatz ein, in dem eine Bedingungen genannt wird.

Rufe mich an, **falls** du Hilfe brauchst. Ich komme, **wenn** ich mit meiner Arbeit fertig bin. Die wird schnell erledigt sein, **sofern** nichts dazwischenkommt.

Der **Relativsatz** ist ein Nebensatz. Er kann nicht alleine stehen. Er wird durch ein **Relativpronomen** (bezügliches Fürwort) eingeleitet. Relativpronomen sind **der, die, das.**

Dort sitzt ein Junge, **der** auf den Bus wartet.

Dort steht eine Frau, **die** auf den Bus wartet.

Dort hüpft ein Mädchen herum, **das** auf den Bus wartet.

Das Relativpronomen bezieht sich auf ein Wort aus dem Hauptsatz. Oft steht es direkt hinter ihm. Es stimmt in **Geschlecht** und in **Singular und Plural** mit ihm überein.

Die **Jungen, die** warten, sitzen auf dem Bürgersteig.

Einige, die auf den Bus warten, sitzen auf einer Bank.

Es gibt **keinen, der** meckert.

120

Der **Fall,** in dem das Relativpronomen steht, hängt aber von dem Wort ab, auf das es sich bezieht. Es wird, je nachdem welche Rolle es im Nebensatz spielt, dekliniert.

1. Fall (Nominativ)   Der Bus, **der** Verspätung hat, kommt endlich.

2. Fall (Genitiv)   Der Bus, **dessen** Windschutz- scheibe zerbrochen ist, wird repariert.

3. Fall (Dativ)   Der Bus, **dem** eine neue Scheibe eingesetzt werden muss, wird ausgewechselt.

4. Fall (Akkusativ)   Der Ersatzbus, **den** alle erwarten, ist total voll.

Häufig steht vor dem Relativpronomen eine **Präposition,** wie zum Beispiel **auf, mit, neben.**

Die Frau, **neben der** ich auf den Bus gewartet habe, steigt als Erste ein.

Der Platz, **auf dem** ich sonst sitze, ist besetzt.

Einige, **mit denen** ich auf den Bus gewartet habe, gehen zu Fuß.

Das Relativpronomen wird wie der bestimmte Artikel dekliniert.

121

Der **indirekte Fragesatz** ist ein Nebensatz. Er kann nicht alleine stehen. Eingeleitet wird er mit den gleichen Fragewörtern wie der direkte Fragesatz.
Am Ende eines indirekten Fragesatzes steht ein Punkt.

direkter Fragesatz	indirekter Fragesatz
Was soll ich in der Stadt besorgen?	Schreib mir auf, **was** ich in der Stadt besorgen soll.
Wer von euch will mitfahren?	Entscheidet euch, **wer** von euch mitfahren will.
Wie spät ist es?	Ich weiß nicht, **wie** spät es ist.
Wann kommt der Bus?	Ich habe dir schon gesagt, **wann** der Bus kommt.
Wie viele Minuten sind es bis zur Haltestelle?	Sage mir schnell, **wie viele** Minuten es bis zur Haltestelle sind.
Warum bist du immer so spät dran?	Ich frage mich, **warum** du immer so spät dran bist.

Indirekte Fragesätze können auch mit **ob** eingeleitet werden. Sie können aber nicht in eine direkte Frage umgeformt werden.

Ich sage euch Bescheid,
ob ich den Bus erreicht habe.

Der **Nebensatz** ist dem Hauptsatz untergeordnet.
Er kann seine Stellung verändern, je nachdem was man
besonders hervorheben will. Er kann hinter dem
Hauptsatz oder vor ihm stehen. Er kann aber auch in
ihn eingeschoben sein.

Ich frage mich, warum du immer so früh dran bist .

Warum du immer so früh dran bist , frage ich mich.

Ich bin so früh dran, weil ich nicht zu spät kommen will .

Weil ich nicht zu spät kommen will , bin ich so früh dran.

Ich bin, weil ich nicht zu spät kommen will , so früh dran.

Wörter, die sich verändern

Konjugation

Verb

pflanzen, wachsen,
liegen,
ich singe, du singst,
sie singen

reflexives Verb

sich freuen,
sich verlieben,
sich bedanken,
ich freue mich,
du freust dich,
er freut sich,
sie freut sich

Hilfsverb

haben, sein,
werden,
ich habe, du bist,
es wird

Deklination

Nomen

Konkreta	Abstrakta
der Junge, der Baum, die Katze, die Frau, das Kind, das Buch	der Traum, die Freude, das Glück

Pronomen

ich, du, er, sie, es,
mein, dein, sein,
dieser, diese, dieses,
der, die, das,
wer, was,
welcher, welche, welches

19

Wörter, die sich nicht verändern

Artikel

der, die, das,
des, dem, den,
ein, eine,
eines, einem,
einen

Adjektiv

blau, lustig,
alt, schnell,
schneller,
schnellste

Zahladjektiv

fünf, dreifach,
wenig,
zahllos, viel

Adverb

sehr, jetzt, überall, draußen,
links, oft, darum, gern

Präposition

in, an, um, auf,
wegen, bei, durch

Konjunktion

weil, als, nachdem, dadurch,
wegen, dass, wenn, wo

Fragewort

wo, wann, warum, wie

Zahladverb

zehnmal, erstens, alle

125

Wortbildung

Zusammensetzung

die Arbeit   arbeiten

Nomen		Nomen		Nomen
Garten	+	Arbeit	=	Gartenarbeit

Präposition		Nomen		Nomen
mit	+	Arbeit	=	Mitarbeit

Nomen	Fugen-s		Nomen		Nomen
Arbeit	+	s	+	Heft	= Arbeitsheft

Präposition		Verb		Verb
über	+	arbeiten	=	überarbeiten

Adjektiv		Nomen		Nomen
fein	+	Arbeit	=	Feinarbeit

Ableitung

Wortstamm
arbeit

arbeit — Endung: en

arbeit — Suffix: sam

arbeit — Suffix: er

Arbeit

Präfix: Ver — arbeit — Suffix: ung

Präfix: er — arbeit — Endung: et

Präfix

Präfixe sind Wortbausteine, die nicht selbstständig stehen können. Sie werden einem Wort vorangestellt.
Präfixe sind: **un-, be-, er-, ver-, miss-, zer-, ent-, ge-, ur-** ...

unbearbeitet, **ent**täuschen, **Miss**erfolg

Fugenzeichen

Fugenzeichen verbinden Wörter miteinander.
Fugenzeichen sind: **-e-, -n-, -en-, -es-, -s-,
-ens-, -er-**

Hund**e**korb, bär**en**stark, herz**ens**gut

Suffix

Suffixe sind Wortbausteine, die nicht selbstständig stehen können. Sie werden einem Wort nachgestellt.
Suffixe sind: **-sam, -bar, -ig, -lich, -isch, -los, -heit, -keit, -ung, -in, -er, -en** ...

arbeit**sam**, erfolg**los**, Schön**heit**

Endung

Seine Endung verändert das Verb, je nachdem wie es konjugiert wird.
Endungen sind: **-e, -st, -t, -en, -te, -test, -ten, -tet**

Simon tauch**t**. Wir tauch**en**. Er spendier**te**.

Subjekt	Prädikat
Simon	schreibt .

Subjekt	Prädikat	Dativ-objekt	Akkusativ-objekt
Simon	sendet	seiner Freundin	eine E-Mail .

Subjekt	Prädikat	adverbiale Bestimmung der Zeit	adverbiale Bestimmung des Ortes
Simon	taucht	am Nachmittag	im Schwimmbad

Subjekt	Prädikat	Dativ-objekt	adverbiale Bestimmung der Zeit
Simon	spendiert	seiner Freundin	am Nachmittag

adverbiale Bestimmung des Grundes	adverbiale Bestimmung der Art und Weise
wegen des schönen Wetters	mit großem Vergnügen .

adverbiale Bestimmung des Ortes	adverbiale Bestimmung des Grundes	adverbiale Bestimmung der der Art und Weise	Akkusativ-objekt
n Schwimmbad	wegen des schönen Wetters	mit großem Vergnügen	ein Eis .

Prädikat

Das Prädikat ist der wichtigste Teil eines Satzes.
Es wird immer mit einem konjugierten Verb gebildet.
Nach dem Prädikat fragt man mit
was tut jemand oder **was geschieht.**

Simon **taucht.**
Was tut Simon? → er **taucht**

Es **blubbert.**
Was geschieht? → es **blubbert**

Subjekt

Das Subjekt steht im
1. Fall (Nominativ).
Man fragt nach ihm
mit **wer** oder **was.**

Simon schreibt.
Wer schreibt? → **Simon**

Die Sonne scheint.
Was scheint? → **die Sonne**

Objekt

Ein Objekt ergänzt Subjekt und Prädikat in
einem Satz. Es gibt weitere Auskünfte.
Zu einem Satz können ein oder mehrere
Objekte gehören.

Simon sendet seiner Freundin eine E-Mail.

Genitivobjekt
(Satzergänzung im **2. Fall**)
Man fragt nach ihm mit **wessen**.

Simon gedenkt **seiner Freundin.**
Wessen gedenkt Simon?
→ **seiner Freundin**

Dativobjekt
(Satzergänzung im **3. Fall**)
Man fragt nach ihm mit **wem**.

Simon spendiert **seiner Freundin**
ein Eis.
Wem spendiert Simon ein Eis?
→ **seiner Freundin**

Akkusativobjekt
(Satzergänzung im **4. Fall**)
Man fragt nach ihm mit
wen oder **was**.

Simon lädt **seine Freundin** ein.
Wen lädt Simon ein?
→ **seine Freundin**

Simon spendiert **ein Eis.**
Was spendiert Simon?
→ **ein Eis**

Adverbiale Bestimmung
Die adverbiale Bestimmung ergänzt einen Satz mit
Angaben über **Ort, Zeit, Grund** und die **Art und Weise.**
Nach ihr fragt man mit **wo, wann, warum, wie.**

Simon taucht **am Nachmittag.**
Wann taucht Simon? → **am Nachmittag**

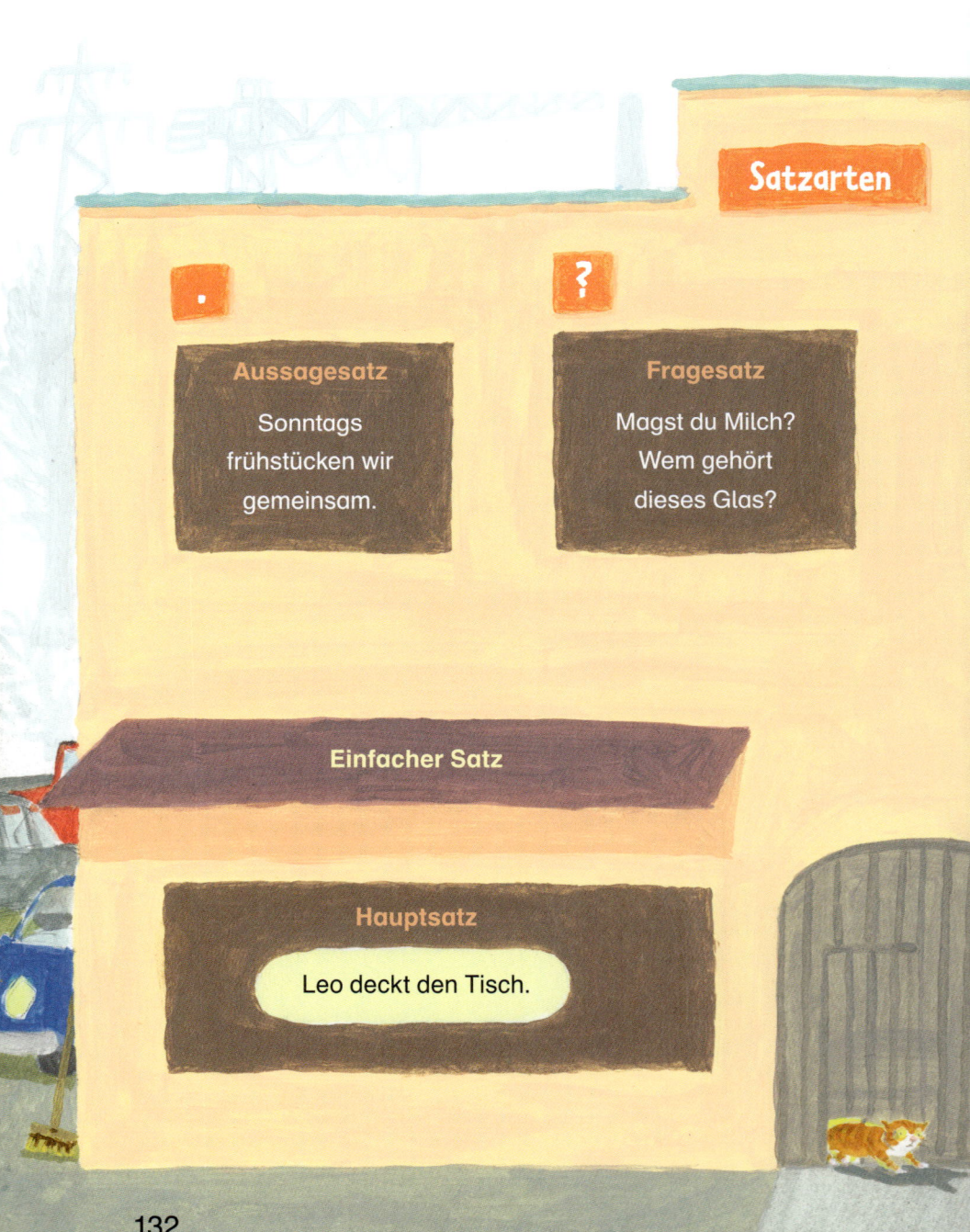

Satzarten

.

?

Aussagesatz

Sonntags
frühstücken wir
gemeinsam.

Fragesatz

Magst du Milch?
Wem gehört
dieses Glas?

Einfacher Satz

Hauptsatz

Leo deckt den Tisch.

Aufforderungssatz

Schau mal in den
Briefkasten.
Hol jetzt sofort die Zeitung!

Ausrufesatz

Was heute
wieder alles in der
Zeitung steht!

Satzformen

Zusammengesetzter Satz

Hauptsatz + Hauptsatz

Leo deckt den Tisch
und seine Schwester
holt die Zeitung.

Hauptsatz + Nebensatz

Leo deckt den Tisch,
während seine Schwester
die Zeitung holt.

133

Aussagesatz
Mit dem Aussagesatz wird etwas ausgesagt, mitgeteilt oder festgestellt.
Er endet mit einem Punkt.

Fragesatz
Mit dem Fragesatz kann man etwas erfragen.
Er endet mit einem Fragezeichen.

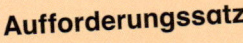

Aufforderungssatz
Mit dem Aufforderungssatz kann man Befehle, Aufforderungen oder Wünsche ausdrücken.
Er endet mit einem Punkt.
Mit einem Ausrufezeichen endet er, wenn man etwas sehr bestimmt will.

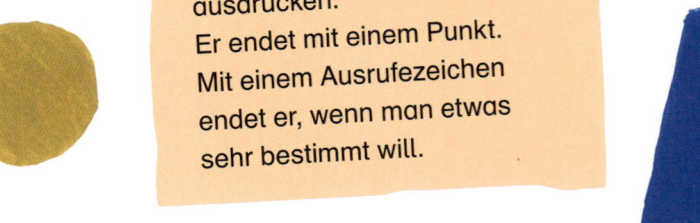

Ausrufesatz
Mit einem Ausrufesatz drückt man Verwunderung und Bewunderung aus.
Er endet immer mit einem Ausrufezeichen.

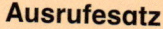

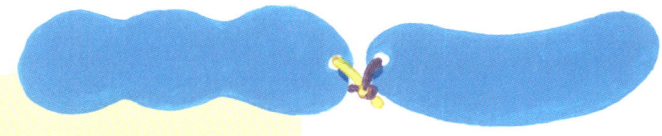

Hauptsatz
Der Hauptsatz kann für sich alleine stehen.

Leos Schwester holt die Zeitung.

Nebensatz
Der Nebensatz kann nicht für sich alleine stehen.
Er wird mit einem Hauptsatz verknüpft.

Leos Schwester holt die Zeitung, weil sie neugierig
auf den Sportteil ist.

Relativsatz
Der Relativsatz ist ein Nebensatz. Er kann nicht
alleine stehen. Er wird durch ein Relativpronomen
(bezügliches Fürwort) eingeleitet.
Relativpronomen sind **der, die, das.**

Leos Schwester holt die Zeitung,
die schon im Briefkasten liegt.

Indirekter Fragesatz
Der indirekte Fragesatz ist ein Nebensatz. Er kann nicht
alleine stehen. Eingeleitet wird der mit den gleichen
Fragepronomen und Fragewörtern wie der direkte Fragesatz.
Am Ende eines indirekten Fragesatzes steht ein Punkt.

Einigt euch, wer den Sportteil zuerst liest.

Anhang

Fachbegriff	Erklärung	Beispiel
Abstrakta	Nomen, die etwas Nichtgegenständliches (Abstraktes) bezeichnen	der Hunger, die Liebe, das Jahr
Adjektiv	Wiewort	hübsch, freundlich, grün
Adverb	Beiwort/Umstandswort **Ort, Zeit, Grund, Art und Weise**	**draußen** spielen, **oft** fehlen, **darum** üben, **gern** singen
adverbiale Bestimmung	Umstandsbestimmung **Ort, Zeit, Grund, Art und Weise**	im Garten, seit Montag, wegen Krankheit, ohne Schirm
Akkusativ	4. Fall/Wen- oder Was-Fall	**den** Ball, **die** Katze, **das** Kind
Akkusativobjekt	Satzergänzung im 4. Fall	Ich fange **den Ball.**
Aktiv	Tatform des Verbs	Ich singe.
Artikel	Begleiter **bestimmter Begleiter unbestimmter Begleiter**	der, die, das ein, eine, ein
Dativ	3. Fall/Wem-Fall	**dem** Ball, **der** Katze, **dem** Kind
Dativobjekt	Satzergänzung im 3. Fall	Ich laufe **dem Ball** hinterher.
Deklination/ deklinieren	Beugung/Beugen **Nomen, Adjektiv, Pronomen, Zahlwort**	**Meine kleine Katze** fängt **viele Mäuse.**
Demonstrativpronomen	hinweisendes Fürwort	**dieser** Ball, **diese** Katze, **dieses** Kind

136

Lateinische Fachbegriffe

Fachbegriff	Erklärung	Beispiel
Futur	Zukunftsform des Verbs	Wir werden singen.
Genitiv	2. Fall / Wessen-Fall	**des** Balles, **der** Katze, **des** Kindes
Genitivobjekt	Satzergänzung im 2. Fall	Wir gedenken **der** Opfer.
Genus	Geschlecht des Nomens **natürliches Geschlecht** **grammatisches Geschlecht**	**der** Junge, **die** Frau **der** Löffel, **die** Gabel, **das** Messer
Imperativ	Befehlsform des Verbs	komm, geh, hole
Infinitiv	Grundform des Verbs	singen, basteln
Kasus	Fall **1. Fall (Nominativ)** **2. Fall (Genitiv)** **3. Fall (Dativ)** **4. Fall (Akkusativ)**	**der** Ball **des** Balles **dem** Ball **den** Ball
Komparativ	1. Vergleichsstufe / 1. Steigerungsstufe des Adjektivs	schöner, besser
Konjugation/ konjugieren	Beugung / Beugen des Verbs	ich singe, du singst
Konjunktion	Bindewort	und, oder, weil
Konkreta	Nomen, die etwas Gegenständliches (Konkretes) bezeichnen	der Mensch, das Tier, die Pflanze, die Sache
Modalverb	Hilfsverb, durch das sich die Bedeutung des Verbs leicht verändert	Ich **kann** singen. Ich **darf** singen. Ich **will** singen.
Nomen	Namenwort / Substantiv	die Gabel, der Hunger, Max

Fachbegriff	Erklärung	Beispiel
Nominativ	1. Fall / Wer- oder Was-Fall	der Ball, die Katze, das Kind
Numerale	Zahlwort **bestimmtes Zahlwort** **unbestimmtes Zahlwort**	**vier** Hefte **viele** Schüler
Numerus	Zahl des Nomens Einzahl und Mehrzahl / Singular und Plural	der Ball, die Bälle
Objekt	Satzergänzung	Wir singen **ein Lied.**
Passiv	Leideform des Verbs	Dieser Ball **wurde** von mir **gefangen.**
Perfekt	2. Vergangenheitsform des Verbs	ich habe gesungen
Personal-pronomen	persönliches Fürwort	ich, du, er, sie, es, wir, ihr, sie
Plural	Mehrzahl	die Kinder
Positiv	Grundstufe des Adjektivs	groß, gut
Possessiv-pronomen	besitzanzeigendes Fürwort	mein, dein, sein, unser, euer, ihr
Prädikat	Satzaussage	Wir **singen** ein Lied. Wir **singen** ein Lied **vor.**
Präfix	vorangestellter Wortbaustein / Vorsilbe	**be**schreiben, die **Be**schreibung, **be**schriftet
Präposition	Verhältniswort **Ort, Zeit, Grund,** **Art und Weise**	**auf** dem Schrank, **bis** Montag, **trotz** Regen, **ohne** Schirm
Präsens	Gegenwartsform des Verbs	ich singe

Fachbegriff	Erklärung	Beispiel
Präteritum	1. Vergangenheitsform des Verbs	ich sang
Pronomen	Fürwort	du, dein, diese, der, die, das
reflexives Verb	rückbezügliches Verb	sich freuen
Relativpronomen	bezügliches Fürwort	der, die, das
Relativsatz	Nebensatz, der durch ein Relativpronomen eingeleitet wird	Mir gefällt das Lied, **das du singst.**
Singular	Einzahl	das Kind
Subjekt	Satzgegenstand	**Wir** singen ein Lied.
Substantiv	Namenwort / Nomen	die Gabel, der Hunger, Max
Suffix	nachgestellter Wortbaustein / Nachsilbe	glück**lich**, Kind**heit**
Superlativ	2. Vergleichsstufe / höchste Steigerungsstufe des Adjektivs	das schönste Bild, am schönsten malen
Tempus	Zeitform des Verbs **Präsens (Gegenwart)** **Präteritum (1. Vergangenheit)** **Perfekt (2. Vergangenheit)** **Futur (Zukunft)**	ich singe ich sang ich habe gesungen ich werde singen
Verb	Tunwort	singen
Vokal	Selbstlaut	a, e, i, o, u

A

Ableitung 72, 73, 78–82
Abstrakta 9
Adjektiv (Wiewort) 26–33, 79–82,
    91, 95, 97, 101
Adverb (Umstandswort, Beiwort)
    29, 66–69, 101
adverbiale Bestimmung (Umstands-
    bestimmung) 100–105
Akkusativ (4. Fall) 18, 19, 22–24, 27,
    28, 38, 51, 52, 56, 57, 59, 60, 64,
    65, 93, 110, 121
Akkusativobjekt (Satzergänzung
    im 4. Fall) 94, 95
Aktiv (Tatform) 48, 49
Artikel (Begleiter) 10, 11, 17, 20–25,
    91, 95, 97, 110
Aufforderungssatz 106, 112, 113
Ausrufesatz 106, 113
Aussagesatz 106, 107

B

Befehlsform (Imperativ) 39, 112
Begleiter (Artikel) 10, 11, 17, 20–25,
    91, 95, 97, 110
Beiwort (Adverb) 29, 66–69, 101
besitzanzeigendes Fürwort
    (Possessivpronomen) 54–57

Bestimmungswort 75
Beugung (Deklination) 18, 27, 31, 51,
    56, 59, 61, 110
Beugung des Verbs (Konjugation)
    35–38
Bindewort (Konjunktion) 115–119

D

Dativ (3. Fall) 18, 19, 22–24, 27, 28,
    38, 51, 52, 56, 57, 59, 60, 64, 65,
    93, 110, 121
Dativobjekt (Satzergänzung im
    3. Fall) 96, 97
Deklination (Beugung)/deklinieren
    18, 27, 31, 51, 56, 59, 61, 110
Demonstrativpronomen
    (hinweisendes Fürwort) 58–61

E

Einzahl (Singular) 14, 17, 22, 27, 36,
    42, 44, 46, 47, 50, 51, 56, 59, 120
Endung 16, 35, 42, 44, 77
Entscheidungsfrage 108
Ergänzungsfrage 109

F

Fall (Kasus) 18, 19, 22–24, 27, 28,
    38, 51, 52, 56, 57, 59, 60, 64, 65,
    91, 93, 99, 110, 121
Fragesatz 106, 108–111
    direkter/indirekter Fragesatz 122
Fragewort 63, 67, 68, 100, 110, 111

Fugenzeichen 76
Fürwort (Pronomen) 50–61, 91, 95
Futur (Zukunftsform) 47, 49, 89

G

Gegenwartsform (Präsens)
    41, 42, 49
Genitiv (2. Fall) 18, 19, 22–24, 27, 28,
    51, 52, 56, 57, 59, 60, 64, 93, 99,
    110, 121
Genitivobjekt (Satzergänzung im
    2. Fall) 98, 99
Genus (Geschlecht) 10–13, 22, 24,
    120
Geschlecht (Genus) 10–13, 22, 24,
    120
Grundform des Verbs (Infinitiv) 35,
    113
Grundstufe (Positiv) 31, 32
Grundwort 75

H

Hauptsatz 114, 115
Hilfsverb 46, 47, 49
hinweisendes Fürwort
    (Demonstrativpronomen) 58–61

I

Imperativ (Befehlsform) 39
Infinitiv (Grundform des Verbs) 35, 113

K

Kasus 18, 19, 22–24, 27, 28, 38, 51,
    52, 56, 57, 59, 60, 64, 65, 91, 93,
    99, 110, 121
Komparativ (1. Vergleichsstufe) 31, 32
Konjugation (Beugung des
    Verbs)/konjugieren 35–38
Konjunktion (Bindewort) 115–119
Konkreta 9

L

Leideform (Passiv) 48, 49, 89

M

Mehrzahl (Plural) 14–17, 22–24, 36,
    42, 44, 46, 47, 50, 52, 57, 60, 120
Modalverb 89

N

Namenwort (Nomen) 8–18, 25,
    27, 29, 31, 53, 56, 57, 59, 61, 76,
    79–82, 91, 95, 97, 101
Nebensatz 114, 116–123
Nomen (Namenwort, Substantiv)
    8–18, 25, 27, 29, 31, 53, 56, 57, 59,
    61, 76, 79–82, 91, 95, 97, 101
Nominativ (1. Fall) 18, 19, 22–24,
    27, 28, 51, 52, 56, 57, 59, 60, 91,
    110, 121
Numerale (Zahlwort) 70–71, 91, 95, 97
Numerus (Zahl des Nomens) 14–17

141

O
Objekt (Satzergänzung) 92–99

P
Passiv (Leideform) 48, 49, 89
Perfekt (2. Vergangenheitsform) 45, 46, 49, 83, 89
Personalpronomen (persönliches Fürwort) 50, 51, 53, 55
persönliches Fürwort (Personalpronomen) 50, 51, 53, 55

Plural (Mehrzahl) 14–17, 22–24, 36, 42, 44, 46, 47, 50, 52, 57, 60, 120
Positiv (Grundstufe) 31, 32
Possessivpronomen (besitzanzeigendes Fürwort) 54–57
Prädikat (Satzaussage) 86–89, 92
Präfix (vorangestellter Wortbaustein) 78, 79
Präposition (Verhältniswort) 62–65, 101–105, 121
Präsens (Gegenwartsform) 41, 42, 49
Präteritum (1. Vergangenheitsform) 43, 44, 49
Pronomen (Fürwort) 50–61, 91, 95

R
reflexives Verb (rückbezügliches Tunwort) 37, 38
regelmäßiges Verb (Tunwort) 35, 42, 44
Relativpronomen 120, 121
Relativsatz 120
rückbezügliches Tunwort (reflexives Verb) 37, 38

S
Satzart 106–113
Satzaussage (Prädikat) 86–89, 92
Satzergänzung (Objekt) 92–99
Satzform 114
    einfacher / zusammengesetzter Satz 114
Satzgefüge 116–122
Satzgegenstand (Subjekt) 86, 87, 90, 91
Satzglied 84–105

Satzklammer 89
Satzschlusszeichen 106
Selbstlaut (Vokal) 82
Singular (Einzahl) 14, 17, 22, 27, 36, 42, 44, 46, 47, 50, 51, 56, 59, 120
Steigerung / steigern 30–33
Stellvertreter 50, 57, 61, 110
Subjekt (Satzgegenstand) 86, 87, 90, 91

Substantiv (Nomen) 8–18, 25, 27, 29,
53, 56, 57, 59, 61, 76, 79–82, 91,
95, 97, 101
Suffix (nachgestellter Wortbaustein)
12, 78, 80, 81
Superlativ (2. Vergleichsstufe) 31, 32

T
Tatform (Aktiv) 48, 49
Tempus (Zeitform des Verbs) 40–47
Tunwort (Verb) 29, 31, 34–48, 67, 77,
79–82

U
Umlaut 16
Umstandsbestimmung (adverbiale
Bestimmung) 100–105
Umstandswort (Adverb) 29, 66–69,
101
Umstellprobe 85
unregelmäßiges Verb (Tunwort) 35,
42, 44

V
Verb (Tunwort) 29, 31, 34–48, 67, 77,
79–82, 112
Vergangenheitsforn
1. Vergangenheitsform (Präteritum)
43, 44, 49
2. Vergangenheitsform (Perfekt)
45, 46, 49, 83, 89

Vergleichsstufe
1. Vergleichsstufe (Komparativ)
31, 32
2. Vergleichsstufe (Superlativ)
31, 32
Verhältniswort (Präposition) 62–65,
101–105, 121
Vokal (Selbstlaut) 82

W
Wiewort (Adjektiv) 26–33, 79–82,
91, 95, 97, 101
Wortbaustein
vorangestellter Wortbaustein
(Präfix) 78, 79
nachgestellter Wortbaustein
(Suffix) 12, 78, 80, 81
Wortfamilie 73
Wortkürzung 72, 83
Wortstamm 35, 42, 44, 73, 78, 82

Z
Zahl des Nomens (Numerus) 14–17
Zahlwort (Numerale) 70–71, 91,
95, 97
Zeitform des Verbs (Tempus) 40–47
Zeitstufe 40
Zukunftsform (Futur) 47, 49, 89
Zusammensetzung 72–76

Duden-Wörterbücher ahoi!
Auf ins Sprachabenteuer!

Für wen?
Für kleine Textsegler ab der 2. Klasse, die ihren Wortschatz erweitern, fehlerfrei schreiben und spannende Aufsätze verfassen möchten.

🚩 **Schnell nachgeschlagen, schnell gemerkt!**

Das Grundschulwörterbuch	ISBN 978-3-411-06067-2
Das Grundschulwörterbuch Synonyme	ISBN 978-3-411-72054-5
Das Grundschulwörterbuch Fremdwörter	ISBN 978-3-411-74192-2
Grundschulgrammatik	ISBN 978-3-411-71883-2
Das Grundschulwörterbuch Englisch	ISBN 978-3-411-71945-7

→ jeweils 9,99 € (D) · 10,30 € (A)

🚩 **Von der Arktis bis zum Zwergplaneten – das große Lexikon für die Grundschuljahre**

Grundschullexikon · ISBN 978-3-411-73433-7

→ 25 € (D) · 25,70 € (A)

🚩 **Die praktischen Übungshefte zu den Wörterbüchern**

So schreibe ich fehlerfrei	ISBN 978-3-411-73773-4
So schreibe ich spannende Aufsätze	ISBN 978-3-411-73893-9
Das Grundschulgrammatik Übungsbuch	ISBN 978-3-411-73453-1

→ jeweils 9,99 € (D) · 10,30 € (A)